Réussir comme dirigeant.e

Virginie Tesson • Bruno Tesson
Préface de Clara Gaymard

Réussir comme dirigeant.e

CONSTRUIRE SON ACTION. OSER ÊTRE SOI

DUNOD

Crédits iconographiques

The Noun Project : p. 68 @Sophia ; @Joohi Choudhury ; @DinosoftLab ; p. 84 @bmijnlieff ; @Matt Hawdon ; @Jesus Puertas ; p. 107 @Gan Khoon Lay ; @Hamish ; @Jason Dilworth ; @ProSymbols ; @ProSymbols ; @Desireé Bolívar ; @ochre ; p. 139 @Bakunetsu Kaito

Couverture : Studio Dunod
Mise en page : Belle Page

Agent et Conseil éditorial : Isabelle Martin Bouisset
www.imb-conseil.fr

11 rue Paul Bert, 92240 Malakoff
ISBN 978-2-10-083373-3

À nos mentors
André Mulliez, fondateur de Réseau Entreprendre.
Jean Monbourquette, docteur en psychologie, fondateur d'Estimanie.

Virginie et Bruno

À mon père, Yves Tesson, dont le témoignage d'entrepreneur et de dirigeant m'a profondément marqué. Il m'a conduit à réaliser que l'entreprise peut être un lieu privilégié pour l'épanouissement des femmes et des hommes et que l'impact du dirigeant est majeur.

Bruno

Sommaire

Préface

Je dois avoir cinq ou six ans, l'âge où l'on apprend à faire du vélo sans roues, comme les grands. Nous sommes en vacances sur la plage de Kerteminde, au Danemark, pays de ma mère. Mon père m'apprend à tenir le guidon droit sur la piste cyclable, jusqu'à ce qu'il me lâche et me dise : « tu sais faire du vélo, entraîne-toi ». À quelques centaines de mètres, il y a un haut lieu de convoitise pour les enfants de la plage : le marchand de glace et de bonbons. Afin de m'encourager, ma mère me donne cinquante centimes pour acheter une glace à la vanille. À proximité de la boutique se situe un champ d'orties qui me terrorise. Je perds l'équilibre et tombe dedans, mon corps se couvre de boutons. Je pleure, je ne dis rien à personne. J'ai honte de ne pas y être arrivée, mais je garde précieusement ma pièce. Le lendemain, je me lance à nouveau. Mais le champ d'orties m'obsède toujours et je tombe de nouveau dedans. Je tire mon vélo en pleurant. Mon père me voit. Hoquetante, je lui explique que je suis déjà tombée deux fois dans le champ d'orties. Je n'ai pas pu acheter ma glace, c'est trop loin, trop difficile. Je le supplie de m'accompagner. Alors il me dit : « Tu peux y aller toute seule, je reste là. Ne regarde pas le champ d'orties, fais comme s'il n'existait pas. Roule vers le magasin qui est ton but ». Je m'élance, ignorant bravement l'obstacle, et je le dépasse. Quelle fierté : c'est la première glace que j'achète seule.

Mon père m'a appris bien des choses cette fois-là. Les obstacles deviennent infranchissables quand on les confond avec son but. Savoir avouer sa défaite et apprendre des autres.

Avoir foi en la confiance que les autres placent en vous lorsque vous doutez de vous-même. Et puis, surtout, chaque petite victoire sur la peur, la sienne ou celle des autres, est une grande victoire. Il m'a donné des ailes ce jour-là.

Oui, pour être un bon dirigeant, il faut d'abord apprendre à être soi. Pleinement. Ne pas se réfugier dans le regard de l'autre, prendre la critique avec distance et objectivité, se nourrir de ses erreurs comme des apprentissages et faire confiance, d'emblée, à ceux qui vous entourent. Il sera toujours temps de rectifier le tir, si c'est nécessaire.

En tout dirigeant réside une âme de capitaine. Être un leader, c'est en effet naviguer chaque jour en entraînant des collaborateurs que l'on respecte. À mon sens, un dirigeant qui réussit, c'est un dirigeant qui sait donner : impulser, encourager, montrer la voie et maintenir le cap, déléguer aussi, et conseiller. C'est entretenir son esprit critique et son sens de l'organisation, et les vouer à la progression de son projet. Garder les pieds ancrés au pont du navire tout en permettant à l'esprit de scruter l'horizon.

Être un dirigeant, c'est apprendre, pour soi-même, de soi-même, afin de mettre son savoir au service des autres. Apprendre à ne pas se mettre au centre de l'équation. Apprendre à anticiper, et à faire face aux imprévus. Apprendre à se mettre à l'écoute, des mots et des maux de ses collaborateurs, à transcender la façon dont un malaise est rapporté pour chercher le cœur du problème.

Il existe autant de dirigeants que d'expériences, car 90 % du travail de leader est humain. On ne naît pas « bon » dirigeant, comme le rappellent et l'expliquent Virginie et Bruno, les auteurs de ce livre. On le devient. C'est en effet, tout à la fois, un métier, une mission et un chemin. Et ce, au travers de ses expériences professionnelles tout comme de sa vie personnelle. Ça a été le cas pour moi, mère de neuf enfants et au cœur d'une vie professionnelle bien remplie.

J'ai appris à garder la curiosité et le questionnement au cœur de l'action, qui permet de s'enrichir de tous, et tout particulièrement de la jeune génération. J'ai appris à être une dirigeante sereine, sans anxiété ni colère, qui rassure ses collaborateurs lorsque l'entreprise subit une crise, comme un enfant malade a besoin d'un parent détendu pour le réconforter. Je me suis ouverte à la différence : tous ont des besoins spécifiques, et c'est précisément le rôle du et de la dirigeante que d'assurer un environnement bienveillant pour que chacun puisse s'épanouir. Être un dirigeant, c'est apprendre, perpétuellement.

Aux intrépides qui deviennent dirigeants : puisez dans votre expérience personnelle et professionnelle les éléments qui feront de vous un bon leader. Vous ferez face à des écueils, que vous surpasserez, comme vous l'avez toujours fait pour en arriver là où vous êtes. Chaque jour est une leçon. Vous évoluerez, en prenant exemple sur les autres, en parcourant d'excellents témoignages comme celui que vous vous apprêtez à lire, et en voulant toujours mieux faire. Et vous réussirez.

Le leadership exercé en tant que dirigeant est un défi gratifiant à relever quotidiennement. Lorsqu'on est entrepreneur puis dirigeant, on ne réussit bien que lorsqu'on est généreux : généreux de son temps, de son énergie et de son enthousiasme, quand on veut partager la passion de ce que l'on fait. On réussit lorsque l'on puise dans son intériorité, avec enthousiasme et confiance, chemin qui nécessite un engagement de tout son être et exige de l'entraînement, comme l'explicitent les auteurs de ce livre. J'aime entendre, et ici lire, qu'être dirigeant est un chemin qui conduit à prendre soin de soi pour pouvoir à terme prendre soin des autres. Sans oublier de rejoindre le plus intime de nous-même, de suivre notre guide intérieur, rejoindre son âme, c'est à dire en tant que dirigeant « l'âme du leadership[1] ».

1. Allusion au titre du livre de Deepak Chopra dont parlent les auteurs dans le chapitre 8 du livre, qui apporte toute sa profondeur au livre.

Osez être un bon leader. Ne pas oser, c'est déjà perdre. Osez faire les choses parce que vous y croyez. Osez recruter les collaborateurs qui vous apporteront ce que vous ne pouvez pas prodiguer à votre société. Osez vous faire confiance et faire confiance aux autres. Osez diriger.

Partez explorer, au fil de ces pages aussi, les manières d'être et d'agir en dirigeant. Pour se révéler à soi-même et servir le bien commun.

Clara Gaymard
co-fondatrice de RAISE

Avant-propos

À propos de ce livre

« *Dirigeant, c'est mystérieux, je ne sais pas ce que ça veut dire concrètement* » nous disait une connaissance, pourtant salariée dans une entreprise dont la taille permet de penser qu'elle en côtoie le dirigeant au quotidien. Il lui était difficile d'imaginer comment le dirigeant utilisait son temps, quels étaient ses principaux sujets de préoccupation et de quelle façon il impactait le cours des choses.

Ce mystère autour du dirigeant, vécu à l'échelle d'une entreprise particulière, est démultiplié quand on passe en revue tous les contextes possibles d'exercice, en croisant les tailles d'entreprise, les secteurs d'activité, le statut du dirigeant (entrepreneur ou dirigeant salarié), la finalité de l'entreprise (économie classique, économie sociale et solidaire, service public), le statut de l'entreprise (société commerciale, association, mutuelle, coopérative, etc.).

Il est aussi mystérieux – et positif – qu'on puisse exercer la responsabilité de dirigeant sans présenter un niveau de qualification quand tant d'autres exercices professionnels sont réglementés.

Pourtant, près de vingt années consacrées à l'accompagnement des entrepreneurs, à la formation des chefs d'entreprise et à l'exercice de la direction d'entreprise nous ont appris que dirigeant, c'est un métier. Et comme tout métier, il s'apprend.

C'est d'ailleurs un métier qu'on apprend le plus souvent par la seule pratique. On devient dirigeant en raison des circonstances de la vie. Soit parce qu'on est créateur d'entreprise et que l'entreprise se développe. Soit parce que, ayant bien réussi dans d'autres fonctions en tant que salarié, on se voit un jour proposer une direction générale.

Apprendre le métier de dirigeant par la seule pratique présente certaines vertus. Être confronté directement aux résultats de son action est très puissant. Cependant, pour le dirigeant, ce seul mode d'apprentissage peut engendrer un gaspillage de temps, d'énergie et entamer la confiance. Il induit un coût économique humain élevé, et peut même être fatal compte tenu de l'impact de la fonction de direction sur l'entreprise et sur l'ensemble de ses parties prenantes.

Si le dirigeant est le potentiel de son entreprise, il peut aussi en devenir lui-même la limite. Les aptitudes naturelles de l'entrepreneur lui permettent de faire naître l'entreprise et de commencer à la développer. Toutefois, quand l'entreprise atteint une certaine taille, si les postures et modes d'action de l'entrepreneur n'évoluent pas, soit le développement prend une inflexion et se tasse, soit l'entreprise continue de grandir et l'entrepreneur se disqualifie jusqu'à parfois devoir être remplacé.

Il en est de même pour les dirigeants salariés, généralement nommés à la direction d'une entreprise parce qu'ils ont fait la démonstration d'un parcours professionnel réussi dans d'autres fonctions. Leur expérience les a partiellement préparés au métier de dirigeant. Ils doivent apprendre à composer avec un nombre croissant de parties prenantes, à l'intérieur comme à l'extérieur de l'entreprise. Ils doivent prendre de la hauteur et anticiper. Ils doivent être en capacité de prendre des décisions engageantes, sans quoi ils deviennent la limite du développement de l'entreprise. En vérité, l'entreprise ne peut pas aller plus loin que son dirigeant.

Devenir dirigeant est un chemin certes passionnant, mais aussi indéniablement difficile et exigeant. Il doit être accompli très vite chez certains, comme les dirigeants de business unit au sein de groupes qui attendent des résultats rapides et mettent une forte pression sur leur dirigeant ou encore les créateurs d'entreprise en hypercroissance.

Pour ces derniers, l'enjeu peut se résumer ainsi : comment passer de « *je fais tout* » (au début) à « *je fais tout sauf* » ce que je délègue progressivement (à mes premiers collaborateurs), puis à « *je ne fais rien sauf* » mon métier de dirigeant ? Cette conversion à faire est immense. Elle est constituée d'une suite de changements successifs dans son organisation et dans ses postures. Elle exige de la part du dirigeant beaucoup de détermination et de discipline.

Mais au fond, qu'est-ce que le métier de dirigeant ? Comment devenir, jour après jour, un meilleur dirigeant ?

Nous, Virginie et Bruno, explorons ensemble ces questions parce que nos parcours professionnels et personnels nous ont conduits à nous rejoindre de façon complémentaire sur ce terrain.

À propos des auteurs

[Bruno] « J'ai commencé ma vie professionnelle comme vétérinaire praticien. Mais très vite, c'est le monde de l'entreprise qui m'a attiré.

Mon père, entrepreneur, me parlait toujours positivement de son métier et des personnes qu'il rencontrait. Inconsciemment, il a induit en moi l'idée que les choses passionnantes se passaient du côté de l'entreprise. Je suis devenu vétérinaire salarié dans une entreprise agro-alimentaire. Puis, le goût de l'aventure nous a conduits, Virginie et moi avec nos tout jeunes enfants, dans le nord du Cameroun pour trois années, comme volontaires au sein d'une ONG engagée dans le développement. Cette expérience a été décapante et humainement forte. Elle nous a exercés au management de bénévoles qui demande encore plus d'intelligence et de finesse que celui de salariés.

De retour en France, quelques années dans le conseil en qualité et sécurité alimentaire m'ont ramené à mes premières spécialités. Cependant, la posture de consultant n'étant à l'époque pas ma préférée, j'ai saisi une opportunité pour revenir au cœur de l'action en prenant la direction d'une PME de trois cents personnes au sein d'un groupe de productions animales et biotechnologies.

Avec du recul, je me rends compte que je n'ai pas performé dans cette première expérience de dirigeant. J'aurais pu faire bien mieux, notamment au regard de l'expérience dont je dispose aujourd'hui. J'aurais pu mieux faire si je n'avais pas pris les problèmes de mes collaborateurs sur mes épaules avec le désir généreux de les soulager. J'aurais pu mieux faire si j'avais impliqué mon premier cercle de collaborateurs pour qu'il m'aide à construire mes décisions. J'aurais pu mieux faire si je m'étais comporté non pas en mercenaire au service de l'actionnaire, mais en missionnaire au service de toutes les parties prenantes. J'aurais pu mieux faire si j'avais appris à dire « non » au dirigeant du groupe plus tôt et plus souvent. Sans attendre ce jour où, n'en pouvant plus, je lui ai dit : « *Je ne peux pas gérer mes priorités et les tiennes* ». J'avais conscience qu'en disant cela, je mettais fin à l'aventure. Et ça n'a pas manqué. Quinze jours plus tard, j'étais révoqué par le conseil d'administration.

J'ai vécu d'abord cette expérience comme un échec. Je vois maintenant – parce que j'ai pris le temps d'en tirer les leçons – qu'elle a été pour moi une occasion d'apprentissage du métier de dirigeant et un point de départ dans mon évolution personnelle.

En tout cas, cette histoire m'a conduit à rencontrer Réseau Entreprendre[2], une association fondée à Roubaix en 1986 par André Mulliez. Je suis devenu directeur de l'association à Nantes, puis directeur général de la fédération pendant dix ans. C'est là, tout particulièrement, que m'est apparu comme une évidence, qu'entrepreneur et dirigeant ne sont pas synonymes.

Mais pendant ces douze années au sein de Réseau Entreprendre, je suis passé à côté d'un sujet : que deviennent les entrepreneurs dont l'entreprise a été liquidée ? Comment se repositionnent-ils sur une trajectoire personnelle et professionnelle alors que, le jour du jugement au tribunal de commerce, ils perdent leur entreprise, leur

2. Réseau Entreprendre fédère quatorze mille chefs d'entreprise dans onze pays. Cette association accompagne et finance par des prêts d'honneur des entrepreneurs significativement porteurs d'emplois : https://www.reseau-entreprendre.org/fr

travail, leur patrimoine, la confiance en eux-mêmes, certains droits et que dans les jours qui suivent ils réalisent qu'ils vont devoir rembourser les prêts sur lesquels ils se sont porté caution, que leur réseau se dissipe sur la pointe des pieds et que parfois leur vie familiale vole en éclat ? C'est pourquoi, en 2016, c'est très volontiers que je me suis engagé dans la création de l'association 60 000 Rebonds Hauts-de-France[3] comme président fondateur avec une dizaine de dirigeants et coachs de la métropole lilloise. J'y ai découvert beaucoup de souffrance, de résilience, de solidarité. J'ai aussi compris que lorsqu'on est entrepreneur, il est bon de ne pas s'assimiler à son entreprise, d'entretenir psychologiquement une certaine distance avec elle. Notamment pour que, si un jour l'entreprise était liquidée, on n'ait pas le sentiment de l'être soi-même.

En parallèle de cette vie professionnelle et finalement de façon imbriquée avec elle, j'ai été président du conseil de surveillance du groupe Tesson de 1994 à 2020. Ce groupe a été fondé par mon grand-père au lendemain de la Première Guerre mondiale par le rachat d'une glacière sur le port des Sables d'Olonne. C'est surtout mon père qui lui a donné l'impulsion initiale du développement dans l'entreposage frigorifique, avant de transmettre la direction à l'un de mes frères qui a diversifié les activités dans la logistique des vins et spiritueux, dans le digital au service des activités logistiques et dans l'efficacité énergétique. Sur ce premier siècle, le développement n'a pas été un long fleuve tranquille. Il y a eu, et il y aura sans doute des aventures et des mésaventures. C'est la vie de l'entreprise. Nous sommes actuellement en train de transmettre avec beaucoup de satisfaction à la quatrième génération. À elle, maintenant, de faire. Et elle en est capable !

Mon expérience personnelle et celles des entrepreneurs accompagnés par Réseau Entreprendre m'ont donné l'envie de créer en

3. 60 000 Rebonds aide les entrepreneurs dont l'entreprise a été liquidée à se reconstruire sur les plans personnel et professionnel et en même temps œuvre au changement de regard sur l'échec dans notre pays. http://60000rebonds.com

2015, avec Virginie, Hubert Reynier (président de Visconti) et une vingtaine de chefs d'entreprise, le Campus des Dirigeants. Sa raison d'être est de révéler les dirigeants à eux-mêmes, les éclairer et les renforcer pour développer des entreprises performantes, humaines et bénéfiques pour le monde. »

[Virginie] « J'ai d'abord exercé la médecine générale pendant huit années, dont trois au Cameroun comme directrice de centres de santé. J'y ai mesuré l'enjeu sanitaire et économique de la prévention en matière de santé, à travers des activités d'éducation. J'ai organisé la lutte contre une épidémie de choléra et expérimenté qu'en projetant des équipes dans un scénario de succès, on pouvait susciter une énergie incroyable. Ensemble, avec les équipes locales et les ressources logistiques de Médecins Sans Frontières, nous avons en trois jours fait passer la mortalité de 35 % à moins de 1 %.

Revenue en France, j'ai repris mes activités comme médecin généraliste. Progressivement, j'ai ressenti du vague à l'âme, comprenant que je ne voulais plus soigner les corps, mais intervenir en amont de la maladie. Je n'avais jamais pensé à la psychologie au moment de choisir mes études. Sans doute parce que pour mon père, il y avait dans le monde deux catégories de personnes : celles qui font avancer les choses – dont je voulais être – et celles qui sont inutiles, « qui coupent les cheveux en quatre », comme par exemple, les psys ! À ce moment-là, je portais en moi l'idée que le corps est le reflet de ce que nous vivons intérieurement, que la maladie peut se dire « le mal a dit », et que plutôt que de la combattre et de traiter les symptômes, je préférais désormais chercher à la comprendre et opérer les ajustements nécessaires. Autrement dit, je voulais dorénavant soulager les cœurs et les âmes. Je me suis formée à la psychologie à travers la PNL[4] et me suis rapprochée de Jean Monbourquette[5].

4. Programmation Neuro-Linguistique.

5. Jean Monbourquette est docteur en psychologie. Il a enseigné à l'université Saint-Paul d'Ottawa. Il est l'auteur de nombreux ouvrages dont certains sont devenus des best-sellers.

Il est devenu mon mentor. Je me suis formée à son approche et suis devenue la première française accréditée par l'association Estimame[6] qu'il a fondée avec Isabelle d'Aspremont. J'ai commencé par prendre en charge, en psychothérapie, les enfants accompagnés de leurs parents. Puis des parents m'ont demandé de les accompagner à leur tour. Certains parmi eux étaient dirigeants. Ils m'ont consultée pour des sujets personnels puis professionnels. Je me suis formée au coaching, métier que j'exerce actuellement. En plus du coaching de dirigeants et de leurs équipes, j'anime des ateliers de développement personnel tous publics sur des thèmes comme : faire grandir l'estime de soi et prendre soin de son âme, apprivoiser son ombre, trouver sa mission de vie, pardonner... Ma mission de vie est de faire cheminer chacun vers la plus belle version de lui-même, en commençant par moi ! Cela me passionne, j'y travaille tous les jours. Je sais que je vais continuer jusqu'à mon dernier souffle.

Quand Bruno a commencé à faire germer le projet du Campus des Dirigeants, il m'a demandé de faire partie intégrante de l'aventure. Il lui semblait évident que nos expériences allaient se rejoindre et se compléter sur le terrain des dirigeants. Et nous nous sommes dit qu'en plus d'aider les dirigeants à comprendre l'essence même de leur métier et à interagir efficacement avec leur écosystème, en plus de leur partager les meilleures pratiques issues de l'expérience de dirigeants, nous allions leur donner des clés pour s'intéresser à eux-mêmes, pour mieux se connaître, pour s'apprécier comme ils sont, pour se faire confiance, pour oser être eux-mêmes, pour découvrir leur mission de vie, celle qui va nourrir plus profondément leur action de leader au service du bien commun.

6. https://www.estimame.com/

Nous avons créé le Campus des Dirigeants avec un premier cycle dont le titre traduit cette double intention : « Être et Agir en Dirigeant ». Notre conviction est que les progrès durables du dirigeant passent de façon indissociable par ces deux aspects.

Nous avons écrit ce livre pour toutes celles et ceux qui s'intéressent au métier de dirigeant. En premier lieu, pour celles et ceux qui l'exercent, quels que soit la taille et le contexte de l'entreprise, et pour celles et ceux qui s'y préparent. Mais aussi pour vous qui accompagnez des dirigeants en tant qu'actionnaire, DRH, talent manager, coach ou conseil.

Nous nous y sommes mis à deux têtes, deux cœurs et quatre mains pour aborder de manière équilibrée à la fois l'être et l'agir. Nous avons conscience qu'apporter des éclairages aux dirigeants pour l'exercice de leur métier peut sembler présomptueux dans un monde qui change si vite. Si les entreprises contribuent largement aux évolutions du monde, elles restent impactées par ces évolutions. Les changements de notre société influent sur la manière de considérer et de vivre l'entreprise. Nous pouvons d'ailleurs déjà entrevoir dans quel sens, d'autant que la crise de la Covid-19 est un accélérateur des changements. Une partie du monde s'accroche à maintenir le plus longtemps possible l'existant. Une autre partie aspire et agit pour faire advenir une nouvelle ère. Nous vous proposons d'être de ceux-là.

De nouveaux modèles d'entreprise sont nés dès la fin du XXe siècle, de la volonté de dirigeants perçus au départ comme des originaux. Ces entreprises restent encore très minoritaires. Nous avons pourtant la conviction qu'elles nous parlent des aspirations profondes de l'humanité aujourd'hui. Saurons-nous les entendre ?

Notre volonté en écrivant cet ouvrage n'est pas de prôner tel ou tel modèle. Nous voulons aider les entrepreneurs et dirigeants à gagner du temps, à se poser des questions structurantes pour leur organisation, à prendre des choix conscients en restant authentiquement fidèles à eux-mêmes. Se développer est un chemin de croissance professionnelle pour le dirigeant et un chemin de croissance pour l'entreprise. C'est aussi un chemin de croissance personnelle.

Chapitre 1
Le métier de dirigeant : des contextes divers, des défis communs

Executive summary

- Être nommé à une fonction de direction génère un mélange d'émotions. La prise de fonction est un moment délicat pour le dirigeant, qu'il soit issu de l'entreprise ou vienne de l'extérieur.
- Entreprendre en créant ou en reprenant une entreprise est une autre manière de devenir dirigeant. Le nombre annuel de créations d'entreprise a été multiplié par quatre dans la dernière décennie.
- Pour les entrepreneurs, le premier enjeu est de franchir le cap des cinq premières années. Puis, pour ceux qui portent une ambition, le second est de dépasser les premiers obstacles au développement. Le développement de l'entreprise suppose que l'entrepreneur devienne en plus réellement dirigeant.
- Trois défis majeurs sont communs à l'ensemble des dirigeants : développer la capacité à prendre du recul, rendre efficiente leur organisation et susciter l'initiative au sein des équipes.

Être nommé dirigeant

On n'est pas nommé dirigeant par hasard. Le plus souvent on l'a ardemment souhaité et fait comprendre à notre entourage. Néanmoins, des personnes se voient parfois proposer cette fonction sans l'avoir vraiment recherché. Cela peut être le cas pour des entreprises reprises par les salariés ou dans certaines entreprises familiales. Dans ces situations, quelques acteurs impliqués ont identifié en leur sein une personne disposant des aptitudes pour devenir la nouvelle ou le nouveau dirigeant.

Si, dans la plupart des cas, on a vraiment choisi (on a dit « oui ») il arrive malheureusement que par fausse loyauté envers les générations qui nous ont précédés et dans le contexte d'une transmission d'entreprise familiale, on n'ose pas dire « non » et on se retrouve ainsi dirigeant.

Hormis ces situations, être nommé à la direction d'une entité suscite un sentiment de reconnaissance, de l'enthousiasme face aux responsabilités et à la capacité d'orienter le cours des choses. Ces émotions agréables peuvent être mêlées à d'autres qui le sont moins : la peur de ne pas être à la hauteur, la peur de décevoir celles et ceux qui nous ont nommé, la peur de commettre des erreurs, le doute sur le fait d'être celle ou celui qu'il fallait choisir. Ce sentiment d'imposture est finalement assez répandu chez les dirigeants en prise de fonction. Au fond, ces peurs et ces doutes peuvent être bien utiles, à condition bien sûr qu'ils ne soient pas envahissants et paralysants. Ils nous veulent du bien en nous adressant des signaux d'alerte à ne pas ignorer.

Toute prise de fonction est délicate car comme on le dit souvent : « On n'a pas deux occasions de faire une première bonne impression ». Bien entendu, un nouveau dirigeant est particulièrement observé, soupesé, évalué, du fait de son impact et des attentes de toutes les parties prenantes. Parmi les observateurs, certains sont neutres, d'autres doutent en attendant la démonstration de la pertinence du nouveau promu, d'autres encore sont d'emblée bienveillants et aidants. Les plus loyaux du début ne sont d'ailleurs pas forcément ceux qui seront les plus fidèles demain, et inversement.

Lorsque le nouveau dirigeant est issu de l'entreprise, il la connaît, ainsi que les personnes qui la composent et sa culture. Il a déjà démontré des compétences techniques et de leadership. Il doit donc surtout acquérir sa légitimité en tant que dirigeant et s'affirmer rapidement, ce qui suppose pour lui de faire une véritable mue.

Lorsque le nouveau dirigeant vient de l'extérieur, la complexité tient au fait qu'on l'attend – parfois avec de l'impatience – sur ses idées, les projets qu'il va impulser, les réformes qu'il va envisager, alors que le dirigeant a besoin d'un minimum de temps pour découvrir l'entreprise, le contexte, les personnes, les enjeux avant d'orienter son action. Finalement c'est plutôt par sa capacité à exprimer ses convictions, à inspirer, à écouter, à rassembler et orienter que le nouveau dirigeant va asseoir sa légitimité.

> Même dans les organisations les plus horizontales, collaboratives et conviviales, devenir le leader est une position unique qui rend toutes les relations singulières.

Dans tous les cas, il ne suffit pas de *détenir* le pouvoir attaché à la fonction pour être en pleine capacité d'exercer sa mission. Il faut aussi faire autorité. Certains dirigeants échouent, faute d'exercer concrètement le pouvoir qu'ils détiennent sur le papier. On fait autorité de plusieurs manières. Durablement, c'est par son leadership. En prise de fonction, certaines situations nécessitent de faire autorité en posant des actes symboliquement forts : convoquer des parties en conflit qui n'a que trop duré, arbitrer une décision que l'entreprise tardait à prendre, désigner un responsable pour une activité en carence de pilotage, fusionner deux services pour mettre fin à des insuffisances de coopération, etc.

Faire acte rapide d'autorité n'exclut pas la proximité, l'écoute, le respect et l'empathie auprès de ses collaborateurs. C'est tout simplement prendre sa place, préparer le déploiement de son action et finalement, rassurer celles et ceux avec qui on va interagir. Ceci est le début du chemin pour tout nouveau dirigeant.

Entreprendre

Si l'on n'est pas nommé par des tiers, une autre voie pour accéder à la fonction de dirigeant est possible : entreprendre (créer ou reprendre). Il y a encore quinze ans dans le monde des entrepreneurs, on se lamentait de voir la grande majorité des jeunes diplômés envisager préférentiellement une carrière dans les grands groupes. Depuis, nous sommes témoins d'un profond changement. La culture entrepreneuriale s'est largement développée en France, soutenue par une politique proactive en la matière.

L'enquête réalisée par l'institut d'études TMO Régions pour l'Agence France Entrepreneur (AFE), avec le soutien de Pôle Emploi et de la Fondation d'entreprise MMA des Entrepreneurs du futur, évalue et analyse le dynamisme entrepreneurial en France et son évolution. L'édition 2018 de l'étude sur L'IEF (Indice entrepreneurial en France) révèle que 50 % des Français considèrent la création d'entreprise comme le choix de carrière le plus attractif. Sondage après sondage, cette tendance se confirme. Selon une étude Opinionway réalisée à l'occasion du Salon des Entrepreneurs de Paris en février 2019, plus de 8,2 millions de Français envisagent de devenir leur propre « patron » dans les deux ans à venir.

Certes, de l'intention au passage à l'acte, il y a un pas considérable à franchir. Toutefois, ces chiffres nous révèlent que l'état d'esprit a réellement changé, et ceux de la création d'entreprise l'attestent. Alors que sur l'année 2000, on comptait 215 000 nouvelles entreprises, en 2019, on en a dénombré 815 000 (tous statuts confondus) parmi lesquelles :

- 47 % de micro-entrepreneurs (ayant précédemment le statut d'auto-entrepreneurs) ;
- 25,7 % d'entreprises individuelles ;
- 27,3 % de créations sous forme de société.

Comment expliquer ce changement d'état d'esprit et cet engouement pour l'entrepreneuriat ?

De manière générale, un changement culturel profite à l'entrepreneuriat : le rapport au travail et à l'autorité a bien évolué, résultat d'un besoin d'autonomie plus fort ou plus conscient qui rend le salariat moins attractif. De plus, en lien avec la RSE, les jeunes générations portent des jugements critiques sur les comportements de certains grands groupes et s'en détournent. Peu à peu, la quête de développement personnel supplante celle de la réussite sociale, faisant ainsi basculer l'avantage du côté de l'entrepreneuriat.

Sur le plan juridique et social, le régime de l'auto-entrepreneur a largement contribué au développement de l'entrepreneuriat, avec des effets immédiats en 2009, année de sa mise en œuvre. Créer sa propre activité est apparu plus simple et accessible à tous. La simplification juridique a induit une transformation psychologique et culturelle durable.

La France dispose d'un écosystème très favorable à la création d'entreprises. Tout créateur, quels que soient son statut social, son profil et le type de projet qu'il porte, peut trouver l'organisme public ou associatif approprié pour le conseil, le financement, l'accompagnement, l'hébergement. Ce foisonnement de dispositifs est souvent décrié. Nous le voyons plutôt comme la recherche de solutions adaptées à toutes les typologies d'entrepreneuriat, depuis le chômeur bénéficiaire des minima sociaux et n'ayant pas accès au financement bancaire, jusqu'au startuper qui va lever des dizaines ou centaines de millions d'euros. Mais la plus belle mesure dont nous bénéficions dans notre pays – réalisons-le vraiment –, c'est le statut de chômeur créateur d'entreprise indemnisé[7] qui permet de vivre les premiers mois, le temps d'amorcer la pompe pour dégager un revenu de son activité. Cette mesure est majeure dans la politique de soutien à la création d'entreprise. Elle est rentable puisque la création de

7. Les bénéficiaires de l'allocation d'aide au retour à l'emploi qui ont entamé des démarches pour créer ou reprendre une entreprise peuvent obtenir l'ARCE (Aide aux chômeurs créateurs d'entreprise).

valeur pour le pays dépasse largement les fonds investis. La France doit conserver précieusement ce dispositif.

De plus, l'explosion des nouvelles technologies et la quatrième révolution industrielle en cours rebattent les cartes et reconfigurent l'économie (« ubérisation de l'économie »), donnant ainsi leur chance à de nouveaux entrants face aux géants de l'économie classique.

Le monde des start-up s'est d'ailleurs remarquablement organisé pour l'incubation des projets, le mentorat, les levées de fonds, pour tisser des liens avec les universités et nouer des relations de partenariat avec les grandes entreprises, ou encore pour développer les réseaux associatifs d'accompagnement et pour créer des hubs propices à la fertilisation croisée. La France a toutefois encore beaucoup de progrès à faire dans ce domaine. D'après le rapport Startup Ecosystem Rankings de 2019, elle se positionne à la 11e place mondiale, derrière l'Espagne.

Même si la ville de Paris (avec une structure comme Station F[8]) s'inscrit à la 12e place parmi le palmarès des villes les plus attractives au monde pour les start-up, il y a encore beaucoup à faire pour que l'Hexagone, dans son ensemble, se mobilise et qu'on assiste à une déconcentration des talents et des capitaux.

Tous ces éléments culturels et conjoncturels ont peut-être contribué à faire de vous un entrepreneur (si vous êtes issu d'une famille d'entrepreneurs, vous avez des raisons supplémentaires de vous être lancé aussi). Mais à eux seuls, bien évidemment, ces facteurs n'auraient pas suffi. Car il n'y a point d'audace sans motivations intrinsèques puissantes. Pour entreprendre, vous avez actionné votre liberté profonde.

Les motivations qui vous ont poussé à entreprendre vous sont propres, mais il est probable qu'elles rejoignent celles de la plupart des entrepreneurs. Distinguons deux catégories d'entrepreneurs. Cette vision est certes un peu simpliste car la réalité est plus subtile. Elle a néanmoins le mérite de préciser ce dont on parle. Les

---

8. Station F est le plus grand campus de start-up au monde, créé par Xavier Niel en 2017 dans la Halle Freyssinet à Paris.

entrepreneurs par nécessité sont des individus « poussés à la création d'entreprise parce qu'ils ne perçoivent pas de meilleure alternative d'emploi[9]. » Leur motivation est plus défensive qu'offensive. Cela n'exclut pas que certains se révèlent dans l'action et vivent de magnifiques success-story. Mais pour la grande majorité d'entre eux, l'activité est et restera « alimentaire ». Ils se distinguent des *entrepreneurs d'opportunité*, qui ont identifié une idée, un projet pour se lancer dans le business, et surtout, qui en ont vraiment envie.

Les motivations des entrepreneurs

Les motivations de centaines d'entrepreneurs d'opportunité que nous avons côtoyés personnellement au sein de Réseau Entreprendre se regroupent plus ou moins en trois catégories :

Source de motivation #1 : le fort besoin d'autonomie, la volonté de faire à sa façon (avec souvent en relief, le désir de ne plus avoir de patron). Cette motivation est surtout marquée chez les cadres issus de grands groupes qui, après dix, quinze voire vingt années de carrière, ne supportent plus certaines contraintes des organisations top-down. Ils ont besoin de libérer leur créativité ; ils aspirent à manager selon leurs convictions profondes.

Source de motivation #2 : la volonté de démontrer que son idée est bonne (la meilleure manière de le démontrer étant de la concrétiser). Cette motivation est particulièrement forte chez les innovateurs. Certains sont d'ailleurs si persévérants qu'ils peuvent aller jusqu'à l'entêtement.

Source de motivation #3 : le besoin de s'épanouir sur les plans personnel, professionnel et social, commun à tous et si légitime ! Celle-ci n'est pas propre aux entrepreneurs, mais, alors que dans la seconde partie du XXe siècle, les grandes entreprises apparaissaient comme les plus à même d'offrir ces perspectives, elles semblent aujourd'hui s'en éloigner. En effet, depuis une vingtaine d'années, l'épanouissement ne relève plus du statut ni des revenus, mais de la capacité à devenir qui l'on est vraiment et à se sentir libre. Être entrepreneur devient alors pour beaucoup plus de personnes la bonne manière d'y accéder.

9. COWLING M., BYGRAVE W., "Entrepreneurship and unemployment: Relationship Between Unemployment and Entrepreneurship in 37 Nations Participating in the Global Entrepreneurship Monitor", Babson College, 2003.

On notera que ces trois motivations initiales qui poussent à entreprendre sont plutôt autocentrées. C'est en cela qu'elles constituent un moteur suffisamment puissant pour permettre à l'entrepreneur de franchir les premiers obstacles de la création et du primo-développement. Toutefois, nous verrons plus loin en quoi ces motivations initiales doivent s'élargir quelques années plus tard : un entrepreneur dont la motivation reste autocentrée a bien du mal à faire grandir son entreprise.

La réalité du développement des entreprises

Selon l'Insee[10], sur les 3,85 millions d'entreprises françaises des secteurs non agricoles et non financiers, la répartition par taille est la suivante :

- 96 % de micro-entreprises (de 0 à 9 salariés) ;
- 3,83 % de PME (de 10 à 249 salariés) ;
- 0,15 % d'entreprises de taille intermédiaire (ETI) (de 250 à 5 000 salariés) ;
- moins de 0,01 % de grandes entreprises (GE) (plus de 5 000 salariés).

Tableau 1.1 – Classification des entreprises par catégorie[11]

	Micro-entreprises	PME	ETI	GE
Effectifs	Moins de 10	Moins de 250	Moins de 5 000	Au-delà
CA	Maxi 2 M€	Maxi 50 M€	Maxi 1 500 M€	Au-delà
Bilan	Maxi 2 M€	Maxi 43 M€	Maxi 2 000 M€	Au-delà

10. *Tableaux de l'économie française : édition 2020*, Insee, 27/02/2020
11. D'après le décret n° 2008-1354 du 18/12/2008.

Passer le cap des premières années. Jusqu'à cinq ans, l'enjeu majeur est celui de la pérennité. 75 % des entreprises créées au premier semestre 2014 (hors régime de l'auto-entrepreneur) étaient encore actives trois ans après leur création[12]. Après cinq ans, le pourcentage d'entreprises en activité est de l'ordre de 60 %. Ces taux de survie varient selon les secteurs d'activité, les régions et la conjoncture. Ils sont meilleurs pour les entreprises créées en société que pour les entreprises individuelles. Ils sont très significativement meilleurs aussi pour les créateurs ayant bénéficié d'un accompagnement.

Dépasser le stade de la TPE. Beaucoup d'entrepreneurs et chefs d'entreprise n'ont pas la volonté de développer leur entreprise. L'entreprise est concentrée sur un cycle d'exploitation (vendre – produire – facturer – recouvrer). Le chef d'entreprise est souvent l'homme-orchestre (et non le chef d'orchestre). Il espère que la conjoncture sera bonne pour conserver cet équilibre. Il n'a pas réellement de projet pour son entreprise et cette situation lui convient. Il n'y a d'ailleurs rien de déshonorant en cela.

En revanche, nombreux sont ceux – et sans doute en êtes-vous si vous avez ouvert ce livre – qui portent une ambition pour leur entreprise et souhaitent la développer ou la transformer pour en faire une PME (petite, puis moyenne) et pourquoi pas une grande entreprise.

Définir une ambition et surmonter les premiers obstacles au développement. Vous croyez en vous. Vous croyez dans le potentiel de votre entreprise. Vous êtes plein d'énergie et de motivation. Pour autant, vous vous rendez compte, au contact de la réalité quotidienne, que les difficultés sont grandes.

Si votre entreprise a déjà traversé avec succès les premières années de son développement, il y a fort à parier que vous allez vous heurter à un nombre non négligeable de défis une fois atteint un effectif de quinze, vingt voire vingt-cinq salariés. Pourquoi ? Parce qu'à cette

12. Corolle A., Démographie des entreprises et des établissements pour l'année 2014, Insee.

étape, l'entreprise est déjà suffisamment développée pour que vous ayez à gérer une complexité, mais pas encore assez développée pour que vous soyez *staffé*. Vous en êtes certes le dirigeant, mais aussi probablement le directeur commercial, le DRH, le DAF (Directeur Administratif et Financier), etc. Vous cumulez donc la fonction de dirigeant avec d'autres fonctions très opérationnelles. Quelles fonctions vont s'imposer dans votre agenda ? Bien évidemment, ce sont les fonctions les plus opérationnelles car elles entrent dans le cycle de l'exploitation qui est par nature celui du court-terme. Vous allez en urgence rencontrer un client. Vous réglez des soucis de production. Vous réalisez les entretiens d'embauche, etc. Quelle fonction sera alors la plus mal traitée ? Celle de dirigeant. Celle qui nécessite de la prise de recul pour prévoir et anticiper. Celle qui s'inscrit dans le temps long.

Votre entreprise commence à stagner. Vous êtes comme le hamster qui court dans sa roue et la roue tourne très vite ! La cage reste sur place, vous vous épuisez, le développement se tasse. Alors que vous étiez au départ le potentiel de votre entreprise, vous commencez à en devenir la limite. Comment vous y prendre pour que cela change ? Si vous êtes dirigeant salarié d'une PME, il est aussi possible que vous ressentiez un décalage entre l'ambition que vous et les actionnaires portez pour l'entreprise et votre capacité à mettre l'entreprise en mouvement. Ces difficultés que vous rencontrez vous mettent face aux trois enjeux majeurs que portent les dirigeants.

Les trois défis majeurs de tous les dirigeants

Les leviers pour progresser comme dirigeant se rapportent à trois défis que nous identifions à travers les motivations exprimées par un échantillon de 140 dirigeants venus se former au Campus des Dirigeants (*cf.* figure 1.1).

Figure 1.1 – ROI, les trois défis du progrès

Prendre du recul

Beaucoup de dirigeants expriment des difficultés à prendre du recul ou de la hauteur et ce, malgré une grande aspiration à le faire. Ils sentent bien la nécessité de s'arrêter. Pour eux-mêmes d'abord et ce en réponse à un besoin physiologique (comme le plongeur en apnée qui a besoin de respirer de loin en loin), puis pour l'entreprise (tel le cycliste qui lève le nez du guidon pour regarder la route et anticiper les courbes). Ils n'arrivent pas à ménager comme ils le voudraient ces moments de prise de recul et le déplorent. Ils ont l'impression d'être débordés, sur tous les fronts, accaparés par l'opérationnel, promenés de sujet en sujet, au gré des sollicitations, plutôt que de réellement construire leur action. Ils ont de ce fait l'impression de vivre avec du retard sur ce qu'ils voudraient impulser. Ils éprouvent des difficultés à prendre des décisions, sereinement et dans les délais. Tout ceci génère du stress, d'autant plus quand l'équilibre de vie n'est pas optimal. Le dirigeant est finalement détourné de l'essentiel de sa mission.

Cette difficulté à prendre du recul peut tenir à un profil de personnalité, mais peut aussi s'expliquer par la taille de l'entreprise : plus elle est petite, plus la prise de recul est difficile car le dirigeant est au plus près des opérations. À l'inverse, quand l'entreprise grandit, le dirigeant peut plus facilement se départir des tâches plus opérationnelles pour se consacrer au développement et aux projets d'avenir.

Un de nos amis, serial-repreneur et développeur, ne reprend plus que des entreprises avec un effectif d'au moins 400 personnes. En effet, diriger une entreprise de 400 collaborateurs lui semble plus facile qu'une entreprise de 40, ce qui est encore plus facile qu'une entreprise de 4 personnes.

Rendre l'organisation efficiente (la sienne et celle de l'entreprise)

> La question clé pour le dirigeant est la suivante : comment j'utilise mon temps ? Dans quoi je mets mon énergie ? Avec qui j'interagis, à quelle fréquence et sous quelle forme ?

Beaucoup de dirigeants rêvent de construire une organisation de type « machine de guerre », de mettre en place les bons rouages pour n'avoir plus qu'à utiliser la burette d'huile de temps en temps. Et pourtant, ils se trouvent face à des choix d'organisation loin d'être évidents. Ils ont l'impression de construire l'organisation seulement au feeling, par tâtonnements successifs, avec des expériences plus ou moins satisfaisantes et des retours en arrière. Cela génère des pertes de temps, d'énergie et des déceptions pour le dirigeant et ses équipes.

Susciter l'initiative au sein des équipes

Une autre difficulté fréquente exprimée par les dirigeants est la mobilisation des équipes. Ces dirigeants déplorent un manque d'initiative, un manque de réactivité, un manque de coopération entre services comme si chacun travaillait pour son propre compte simplement autour de ses propres objectifs.

Ces dirigeants ressentent aussi une grande déperdition entre l'énergie qu'ils investissent avec leur cercle rapproché pour mobiliser l'ensemble des collaborateurs, et le niveau d'engagement obtenu. Cela se traduit souvent par beaucoup de lenteur pour transformer les idées et les projets en réalité opérationnelle.

Si vous vous reconnaissez dans l'une ou l'autre de ces difficultés, c'est assez normal ! Et, bonne nouvelle, soyez assuré qu'on peut y remédier, à condition de ne pas aborder ces difficultés de front, mais de les traiter à la racine.

Que vous soyez entrepreneur ou dirigeant salarié, si vous avez la volonté de développer votre entreprise, vous devez vous renforcer dans votre métier de dirigeant. Si vous grandissez, vous pourrez continuer à faire grandir votre entreprise. Si votre entreprise grandit, il vous faudra grandir aussi.

> Être dirigeant, ce n'est pas accéder à un statut, c'est commencer un long chemin. Car on n'a jamais fini de devenir un meilleur dirigeant.

C'est un chemin d'humilité, qui suppose de s'accepter tel qu'on est, avec ses limites, de savoir reconnaître ses erreurs et ses échecs pour en faire des occasions d'apprentissage, d'aller chercher de la ressource là où elle se trouve, de sortir de son entreprise pour s'enrichir des échanges avec ses pairs et bien sûr, d'identifier ses forces et de s'en servir.

Mieux vaut exercer votre mission de dirigeant tel que vous êtes sans essayer de ressembler à d'autres. Si vous êtes à cette place aujourd'hui, c'est que vous êtes légitime - cela ne veut pas dire parfait. Certes, vous pouvez vous laisser inspirer par d'autres dirigeants, mais n'essayez pas de leur ressembler.

Le meilleur moyen d'être cohérent jour après jour dans son action et dans ses comportements est de devenir soi-même.

Chapitre 2
Comprendre sa mission et son terrain de jeu

Executive summary

- Être bien au clair avec sa mission permet au dirigeant d'orienter son énergie et l'usage de son temps sur les bons sujets et aux collaborateurs directs de faire de même.
- À partir d'une approche juridique, fonctionnelle et managériale, vous serez invité à rédiger votre mission de dirigeant telle que vous la comprenez ou adopter celle que nous vous proposons. Cette formulation de votre mission de dirigeant est un point de départ pour revisiter la manière dont vous l'exercez.
- Les principales difficultés inhérentes à la mission du dirigeant sont :
  - gérer son temps et son agenda ;
  - traiter les injonctions paradoxales que reçoit le dirigeant en raison de sa position singulière dans l'entreprise ;
  - être attentif à ses propres aléas de motivation et savoir réagir ;
  - prévenir l'isolement, tout en sachant cultiver la solitude.

Dirigeant, une fonction aux contours à préciser

Récit d'expérience

Cyril dirige depuis deux ans une entreprise qui conçoit et distribue du mobilier de jardin. Il a repris cette entreprise à son fondateur, 7 ans après l'avoir rejoint. Cyril estime que la reprise s'est bien passée. Il a bénéficié de l'accompagnement du cédant pendant 6 mois et celui-ci a bien joué le jeu pour lui être utile sans l'empêcher de prendre pleinement sa fonction aux yeux des équipes.

Mais Cyril est fatigué. Il a l'impression d'être sur tous les fronts. Il pense qu'il est très important de rester connecté au terrain et veut se montrer proche de ses anciens collègues qu'il apprécie. Il va même jusqu'à mettre la main à la pâte dans l'atelier pour ne pas perdre le savoir-faire technique. Il veut pouvoir prendre des décisions en pleine conscience des réalités concrètes de l'entreprise. Le soir, Cyril finit tard. À partir de 17 heures, lorsque le calme arrive, il consacre du temps aux tâches qu'il s'était fixées. Il s'agit le plus souvent de tâches urgentes dont certaines seulement sont de première importance. Il réalise d'ailleurs que ce n'est pas le meilleur moment de la journée pour les traiter.

Ce soir-là, Cyril s'interroge sur ce qu'il vit. Et pour la première fois depuis la reprise de l'entreprise, ces questions lui traversent l'esprit : qu'est-ce qui distingue son rôle de dirigeant de ceux de tous ses collaborateurs ? En quoi est-il indispensable ? Qu'est-ce qu'il fait aujourd'hui et qu'il ne devrait plus faire ? Qu'est-ce qu'il ne fait pas (ou pas assez) et qu'il devrait faire ? Comment accompagner ses collaborateurs sans faire ou décider à leur place ce qu'ils peuvent faire ou décider avec au moins autant de pertinence que lui-même ?

Et tout à coup, Cyril prend conscience que, si chacun de ses équipiers a une mission particulière, sa mission de dirigeant reste en revanche pour lui assez floue, peut-être aussi parce que son champ de responsabilité couvre toute la vie de l'entreprise. Surtout qu'en tant que PDG, il cumule la fonction de président et celle de directeur général… sans d'ailleurs en identifier très bien les nuances !

Il décide d'y réfléchir.

En tant que dirigeant, vous avez sans doute déjà défini les missions de vos collaborateurs. Vous avez pensé qu'il était important de le faire pour que chacun puisse donner le meilleur et travailler dans le respect de la mission des autres. Mais avez-vous déjà pris le temps d'énoncer votre propre mission de dirigeant ? Il est possible que comme de nombreux dirigeants vous ayez du mal à formuler votre mission en une phrase. Et pourtant, se mettre au clair avec sa mission est un facteur de progrès quasi immédiat car on s'y recentre.

Quand on parle de dirigeant, de quoi parle-t-on ? Les statuts juridiques des sociétés évoquent le président (« *chairman* » dans la culture anglo-saxonne), le directeur général (CEO), le PDG, le gérant, le président de directoire, le président du conseil de surveillance, etc. Ces fonctions et dénominations recouvrent des réalités juridiques et opérationnelles différentes.

Ce livre considère essentiellement la mission de dirigeant exécutif qui, comme l'exprime l'adjectif, est investi au quotidien dans la conduite de l'entreprise et l'exécution de son projet. Il s'agit donc de la direction générale (Chief Executive Officer) et des fonctions qui y participent (DG adjoint, DG Délégué, etc.).

Dans les nouvelles formes d'organisation d'entreprise qui favorisent l'autonomie, l'initiative et la collaboration, les dirigeants renoncent à ces intitulés de fonction parce qu'ils ne se retrouvent pas dans le verbe diriger. Ils se concentrent en général sur trois points :

- s'assurer que le sens de toutes les actions et projets soit partagé et compris ;
- s'assurer que les ressources nécessaires à l'action soient disponibles ;
- s'assurer du respect des principes qui fondent le modèle d'organisation choisi.

Les dirigeants de ces entreprises se désignent plus volontiers comme leader que comme DG et ils ont sans doute bien raison de le faire au regard de leurs intentions, car les termes sont porteurs de sens. Sur le principe, juridiquement et pénalement, ils continuent d'assumer les responsabilités de tout dirigeant exécutif. Ce sont leurs choix managériaux et organisationnels qui sont spécifiques (*cf.* chapitre 5 sur la mission du dirigeant dans ces modèles collaboratifs).

Les fondamentaux de gouvernance

Pour conduire notre réflexion, rappelons d'abord que dans toute entreprise, qu'elle soit à capitaux privés ou publics, qu'elle soit une association, une coopérative ou encore une mutuelle, trois formes juridiques de pouvoir coexistent :

- **Le pouvoir souverain** qui assume la continuité de l'entreprise en sanctionnant en dernier ressort l'orientation de l'entreprise et en légitimant ou non ceux qui en décident. Ce pouvoir est généralement détenu par les actionnaires, mais il peut l'être par d'autres acteurs comme par exemple des partenaires, les adhérents d'une mutuelle ou les adhérents d'une association réunis en Assemblée Générale.
- **Le pouvoir exécutif** qui peut proposer les stratégies et surtout met en œuvre les décisions orientant l'entreprise, dans le cadre des pouvoirs qui lui sont conférés. Ce pouvoir est assumé par les dirigeants exécutifs.
- **Le pouvoir de surveillance ou contrôle** qui s'assure que l'exercice du pouvoir exécutif est compatible avec l'intérêt général[13] de l'entreprise, sa pérennité et sa performance durable. Ce pouvoir est assumé par les mandataires sociaux, membres de conseils d'administration, de conseils de surveillance ou assimilés selon les types d'entreprises. Ils sont désignés par le pouvoir souverain.

Ces formes de pouvoir coexistent, mais pas toujours – loin de là – à travers des organes de gouvernance dédiés. Pour les TPE et PME,

13. Dans une société de capitaux, bien que les administrateurs membres du conseil soient nommés par les actionnaires, leur rôle n'est pas de défendre uniquement les intérêts des actionnaires. Leur mission est avant tout de veiller à la pérennité et au développement de l'entreprise, ce qui suppose de veiller à l'équilibre des intérêts de toutes les parties prenantes.

elles sont même bien souvent logées dans la même tête, ce qui n'est pas une bonne situation.

Ces rappels juridiques suffisent-ils à visualiser la question de la répartition du pouvoir dans l'entreprise ? Non, car au-delà du pouvoir juridique, ils s'exercent d'autres formes de pouvoir liés à l'influence. Il s'agit de celles que peuvent avoir :

- les salariés individuellement, par groupes ou *via* les instances de représentation ;
- les clients, notamment ceux qui pèsent lourd dans le chiffre d'affaires de l'entreprise ;
- les fournisseurs stratégiques dont on ne peut se passer ;
- les partenaires, financiers et/ou stratégiques ;
- les pouvoirs publics qui peuvent par la loi condamner un business model ;
- les lobbys ;
- etc.

Le dirigeant investi d'un pouvoir exécutif, juridiquement fondé, aurait bien tort de se croire tout-puissant. Il doit surtout avoir conscience de l'ensemble des autres pouvoirs d'influence qui s'exercent. Il est d'ailleurs souvent le mieux placé pour intégrer, comprendre et réguler l'équilibre entre ces pouvoirs. Il doit y porter attention et développer ses propres « capteurs ». Il doit aussi soigner l'exercice de son propre pouvoir. Détenir un pouvoir ne suffit pas pour l'exercer véritablement car il existe trois conditions à l'exercice du pouvoir :

- un pouvoir doit avoir un fondement (juridique, compétence technique, représentativité, rareté, etc.) ;
- on doit consacrer de l'énergie à son exercice ;
- on doit manifester une intelligence tactique.

Mais au fond, pouvoir de quoi ? pouvoir pour quoi ?

Le pouvoir du dirigeant, c'est le pouvoir d'agir. Il peut orienter, élever, impulser, multiplier, accélérer, ralentir, stopper les projets. Bien sûr, il n'est pas le seul à pouvoir faire cela. Mais compte tenu de son terrain de jeu qui couvre l'ensemble de l'entreprise et parfois bien au-delà, son impact peut être considérable. Il peut influer sur le cours des choses à l'échelle de l'entreprise, de son marché, de son département, de son pays et, pour certains, du monde et de l'humanité, parfois plus même que les États ! Mais dans quel sens ? pour produire quelles richesses ? au profit de qui ? aux dépens de qui ? de quoi ? Le monde a besoin de dirigeants éclairés, autonomes, responsables et investis du pouvoir d'agir.

Formuler sa mission de dirigeant pour s'y recentrer

Atelier – Rédiger un énoncé spontané de votre mission de dirigeant

Avez-vous déjà pris le temps d'énoncer votre mission de dirigeant personnelle ? Nous vous invitons vraiment à le faire, ayant observé que cela aide beaucoup les dirigeants à centrer leur énergie sur l'essentiel. Vous devez parvenir à une formulation synthétique de votre mission de dirigeant (une seule phrase, commençant par un verbe à l'infinitif). L'exercice n'est pas si aisé.

Commencez par écrire spontanément ce qui vous traverse l'esprit, puis classez, regroupez, laissez décanter et revenez-y autant que nécessaire. Cet énoncé de mission doit être complet et spécifique (aucun autre de vos collaborateurs ne peut y reconnaître la sienne).

Ma mission de dirigeant est de [verbe à l'infinitif] ....

Êtes-vous satisfait de cette formulation de votre mission ? Sentez-vous qu'elle renouvelle votre intérêt pour elle ? Si ce n'est pas le cas, peut-être n'êtes-vous pas encore allé au bout de l'exercice. Ou peut-être que vous n'êtes pas réellement fait pour l'exercer et que vos aspirations profondes sont ailleurs… C'est dans ce cas une information de grande importance !

L'approche fonctionnelle de la mission du dirigeant

La figure 2.1 propose une définition fonctionnelle de la mission du dirigeant. Elle est orientée vers la mise en mouvement de l'entreprise : élaborer une stratégie et en piloter l'exécution.

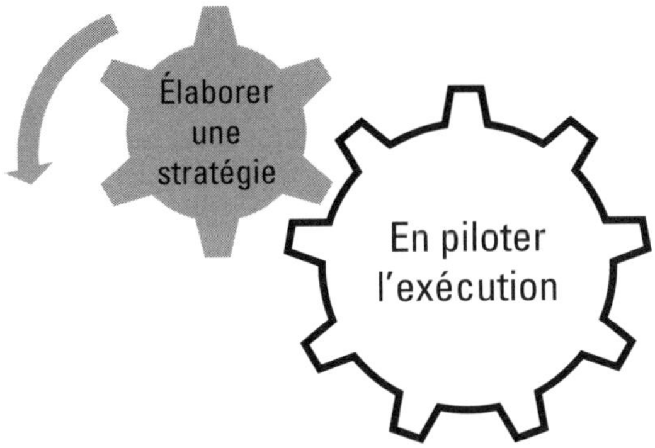

Figure 2.1 – La mission du dirigeant : approche fonctionnelle

Le dirigeant exécutif a toujours la charge de piloter l'exécution de la stratégie. Toutefois, l'implication du dirigeant exécutif dans l'élaboration du projet est à géométrie variable et dépend du contexte. Par exemple :

- Pour l'entrepreneur associé unique ou majoritaire : aucune instance ne viendra lui imposer une stratégie. C'est bien lui qui l'élabore, la valide et en pilote l'exécution.
- Pour un dirigeant salarié d'une PME indépendante : il a été choisi par l'actionnaire pour sa connaissance du marché et du métier. Le plus souvent, l'actionnaire lui demande d'élaborer avec son équipe une stratégie puis de lui soumettre. Après validation, le dirigeant exécutif met en œuvre.
- Pour un dirigeant salarié d'une filiale d'un grand groupe : la stratégie est définie par la direction Groupe. Le dirigeant est chargé de déployer cette stratégie sur son périmètre géographique et/ou son segment de marché.

Piloter l'exécution de la stratégie est tout aussi noble que l'élaborer ! Cela nécessite d'ailleurs au moins autant d'intelligence, de tact et de persévérance. Cela implique aussi de mettre en œuvre plus d'aptitudes, comme celle de faire que le projet de l'entreprise soit connu et compris de tous, et celle de susciter l'engagement de chacun.

Nous demandions un jour à Fabrice Brégier, alors CEO d'Airbus, ce qu'il trouvait le plus difficile dans son métier de dirigeant d'une très grande entreprise. Il nous a répondu spontanément : « C'est de s'assurer que chacun, à tous les étages de l'entreprise, a compris où nous voulons aller tous ensemble ! » Quel temps consacrez-vous à communiquer cela à vos équipes ?

Établir une ligne de démarcation entre élaborer une stratégie et en piloter l'exécution est très vertueux. Cette ligne de démarcation entre *élaboration* et *pilotage*, c'est la *validation* de la stratégie. Cette étape nécessite de prendre de recul. C'est pourquoi elle revient au conseil (quand il existe).

L'approche managériale de la mission du dirigeant

L'un des ouvrages majeurs présent dans notre fonds de bibliothèque au Campus des Dirigeants s'intitule *De la performance à l'Excellence*[14]. Pendant cinq ans, Jim Collins et son équipe de chercheurs ont exploré les raisons qui font que des entreprises deviennent championnes dans leur secteur tandis que d'autres suivent la croissance de leur marché. Onze entreprises devenues championnes ont été comparées à leurs concurrentes. Les conclusions qui en ressortent sont étonnantes. Jim Collins identifie six raisons que expliquent les performances de ces entreprises. Nous vous invitons à les découvrir dans son ouvrage tandis que nous nous concentrons ici sur les deux premières.

- **Raison#1** : les dirigeants de ces entreprises sont humbles dans leur personne et ambitieux pour l'entreprise. Nous proposons dans le chapitre 8 des stratégies pour renforcer l'estime de soi car être

14. Collins J., *De la performance à l'excellence : devenir en entreprise leader*, Pearson France, Collection « Village Mondial », 2013.

humble, ce n'est surtout pas se dévaloriser. Être humble, c'est s'accepter et s'apprécier tel que l'on est, avec ses forces et ses faiblesses. Quand on s'apprécie, on s'apporte à soi-même de la reconnaissance et on n'a pas besoin d'aller la solliciter dans le regard des autres.

- **Raison#2** : les dirigeants de ces entreprises devenues championnes n'ont pas commencé par bâtir une stratégie pour l'entreprise. Non, ils ont commencé par rechercher les meilleurs collaborateurs. Ils ont abordé le *qui* avant le *quoi*. Cela s'est traduit par le « recrutement de l'équipage adéquat[15] ». Et seulement ensuite, ils se sont attelés au projet.

C'est pour nous une sacrée leçon ! Elle rappelle à tout dirigeant l'intérêt de consacrer du temps et du soin à construire son équipe. Pour gagner le championnat, le sélectionneur s'efforce d'abord de recruter les meilleurs joueurs (pour son budget). Et c'est la moitié du chemin seulement, car le second défi est de construire la meilleure équipe. Le dirigeant qui a compris cela consacre beaucoup de temps à construire la relation avec chacun de ses équipiers et à construire le collectif.

Voici donc une formulation managériale de la mission du dirigeant : recruter les meilleurs, construire et animer la meilleure équipe.

Atelier – Affiner l'énoncé de votre mission avec les approches fonctionnelles et managériales

Nous sommes maintenant prêts pour énoncer la mission du dirigeant intégrant l'approche fonctionnelle (élaborer une stratégie et en piloter l'exécution) et l'approche managériale (recruter les meilleurs, construire et animer la meilleure équipe). Nous vous invitons à rédiger votre propre synthèse, celle qui vous parle, celle qui vous motive, celle à laquelle vous aurez le réflexe de vous référer quand vous sentirez que vous avancez sur un terrain mouvant ou de façon dispersée.

• • •

15. Collins J., *Ibid.*

• • •

Ma mission de dirigeant est de [verbe à l'infinitif] ....
Au cas où vous sècheriez (et seulement dans ce cas) nous vous partageons la nôtre : « *La mission du dirigeant est de construire la meilleure équipe, de bâtir et mettre en œuvre un projet enthousiasmant et partagé, pour le bénéfice de toutes les parties prenantes.* ».
Cette formulation concentre beaucoup d'aspects (stratégique, humain, technique, organisationnel). Pour le dirigeant qui veut progresser, par quoi commencer ? Nous vous proposons quelques clés.

Les leviers pour progresser dans son métier de dirigeant

Un moyen de progresser dans son métier de dirigeant est d'identifier les principaux défis et difficultés qui lui sont inhérents afin de moins les subir et de s'équiper pour les affronter. Nous sommes toujours impressionnés, au Campus des Dirigeants, en constatant qu'à chaque fois que les dirigeants évoquent entre eux leurs difficultés, ils réalisent qu'ils les partagent pour la plupart d'entre elles. Et rien que ce constat leur procure déjà un certain soulagement. « *Je ne suis pas plus bête qu'un autre* ! » Attardons-nous sur quelques leviers qui permettent un progrès rapide dans l'exercice de la mission dirigeant.

Gérer son temps

« Dis-moi comment tu utilises ton temps, je te dirai où est ton trésor. »

L'image du dirigeant souvent entretenue est celle d'une personne très occupée et inaccessible. Si on veut le rester, le meilleur moyen est de garder cette croyance bien ancrée au fond de soi ! Mais qu'est-ce qui justifie d'accepter cela ?

Certes, il y a une vraie réalité pour les entrepreneurs qui cumulent plusieurs fonctions. Bien souvent, ils sont à la fois le directeur commercial, le DRH, le DAF, le responsable marketing… Et ces fonctions opérationnelles dictées par le court-terme prennent le pas dans leur agenda. La fonction qui souffre est celle de DG, celle qui s'inscrit dans le moyen ou le long terme. C'est l'une des raisons qui font que beaucoup d'entreprises de quinze à vingt-cinq collaborateurs stagnent. L'entreprise est suffisamment développée pour que son animation devienne complexe. Toutefois, pas encore assez pour que le dirigeant puisse se staffer. Il est alors englué dans des fonctions opérationnelles.

Quelle que soit la situation dans laquelle on exerce son métier de dirigeant, le sujet de l'agenda est clé. L'usage de son temps doit donc être une préoccupation permanente. Est-ce que j'alloue mon temps aux bons sujets en lien avec ma mission et les principaux enjeux que je porte ? Dans une start-up en hypercroissance, le dirigeant doit se reposer cette question très régulièrement, quasi-mensuellement : entreprise à géométrie évolutive, implication du dirigeant à géométrie évolutive.

Voici trois clés pour mieux maîtriser votre temps :

- Soigner la préparation de votre agenda court-terme : les agendas se remplissent assez naturellement. Une bonne pratique est de consacrer 30 minutes avant ou après le week-end à l'ajustement de l'agenda de la ou des semaines à venir : optimiser les enchaînements, les déplacements, arbitrer si besoin les conflits d'agenda.
- Réaliser régulièrement votre propre audit de votre gestion de temps.
- Explorer toutes les manières possibles d'économiser du temps.

▪ Soigner la préparation de son agenda

Une fois votre mission de dirigeant formulée, nous vous invitons à analyser votre agenda. Il est probable que cet exercice vous aide à faire le focus sur ce qui apporte le plus de valeur ajoutée à l'entreprise. L'utilisation de son temps et la gestion de l'agenda sont en effet de vrais enjeux. Le temps est la seule ressource qui ne se stocke pas. On ne peut en mettre de côté en prévision des séquences de travail plus chronophages. Chaque seconde qui passe est définitivement consommée. C'est pourquoi le temps est très facilement générateur de stress. Notre culture a construit l'image du dirigeant très occupé, voire débordé. Et beaucoup de dirigeants y correspondent. Bien évidemment, la responsabilité du dirigeant est continue, 24 heures sur 24, 7 jours sur 7 et 365 jours par an.

Est-ce inéluctable d'être débordé quand on est dirigeant ? Nous pensons que non. Ce n'est ni inéluctable, ni souhaitable, ni acceptable. Si vous êtes un dirigeant structurellement débordé, n'acceptez pas cela comme une fatalité !

Qu'il y ait des moments critiques à gérer, oui bien sûr. Qu'il y ait des périodes de déséquilibre, comme à la suite du départ d'un proche collaborateur pas encore remplacé, oui bien sûr aussi. Mais le dirigeant ne doit pas s'enfermer dans une situation durable de surcharge. Nous n'avons pas tous la même capacité de travail. Autrement dit, le seuil de la surcharge n'est pas identique pour tous. Les dirigeants qui ont une grande capacité de travail disposent d'un formidable atout, certes. Mais dès lors qu'un dirigeant a dépassé son seuil, à quelque niveau que celui-ci se trouve, il risque de devenir moins pertinent, moins puissant, il met l'entreprise en danger et lui-même par la même occasion.

- **Auditer régulièrement l'usage de son temps**

Vous pouvez commencer par vous poser les deux questions suivantes.

D'une manière globale, est-ce que j'alloue mon temps à mes priorités de vie de la façon la mieux équilibrée ? Si vous répondez non, prenez un moment pour vous demander quelles sont les priorités de votre vie, et pour chacune d'elles, réévaluer les moyens que vous vous donnez, y compris dans votre agenda pour les traiter comme telles. C'est un travail profond qui nécessite qu'on lui consacre du temps. Passer à côté expose à un réveil brutal lors des étapes clés de la vie.

Concernant l'entreprise, est-ce que j'alloue mon temps aux bons sujets, en lien avec ma mission de dirigeant ? Relisez la formulation de votre mission ou celle que nous vous proposions : « Ma mission du dirigeant est de construire la meilleure équipe, de bâtir et mettre en œuvre un projet enthousiasmant et partagé, pour le bénéfice de toutes les parties prenantes. »

Atelier – Questionner l'usage de son temps

Reprenez votre agenda des dernières semaines et, au regard de votre mission, demandez-vous ceci : Suis-je concentré sur cette mission ? Si non, pourquoi ? Y a-t-il des choses que je fais et que je ne devrais plus faire ? Y a-t-il des choses que je ne fais pas et que je devrais faire ?

Il y a fort à parier que vous allez identifier des choses que vous faites et que vous ne devriez plus faire, comme participer à certaines réunions, lire certains tableaux de bord dont les informations ne vous sont pas strictement nécessaires pour l'exercice de votre mission, traiter certains sujets qui vous sont apportés par les équipes par confort pour elles, des évènements auxquels vous participez par habitude alors que les conditions ont changé. Il n'est pas forcément facile de mettre fin à ce que vous avez identifié comme des activités à arrêter et ce pour plusieurs raisons, notamment la crainte que vos collaborateurs le prennent comme un désintérêt pour leur travail. Alors prenez le temps de leur expliquer votre démarche et profitez-en pour leur exprimer votre confiance.

Vous vous heurterez à vos propres freins à la délégation. Accepter de ne plus être présent dans certaines réunions. Diminuer le contrôle est un effort. C'est aussi accepter de prendre un risque. Renforcer la confiance, c'est prendre le risque de l'autre.

Vous allez aussi identifier des choses que vous ne faites pas ou pas assez et que vous devriez (davantage) faire, comme ménager des plages de réflexion seul ou en équipe. Ou encore aller sur le terrain, pour lever la tête et regarder devant, rencontrer les équipes, les clients stratégiques, les fournisseurs majeurs, vous informer de l'actualité professionnelle, observer la concurrence, mieux préparer les réunions clés, prendre du temps pour la communication interne pour une meilleure compréhension collective du projet de l'entreprise, des chantiers majeurs, des décisions prises, etc. Autrement dit, toutes ces activités qui sont importantes pour l'avenir. En un mot, tout ce qui tourne autour de l'anticipation.

Les deux éléments au cœur de la gestion du temps et de l'agenda du dirigeant sont : *délégation* et *anticipation.*

Un classique des formations en gestion du temps est la matrice d'Eisenhower, un outil d'analyse et de gestion du temps, qui permet de classer les tâches à réaliser en fonction de leur importance et de leur urgence. La voici, légèrement adaptée à la situation d'un dirigeant ou d'un manager qui analyse son agenda passé.

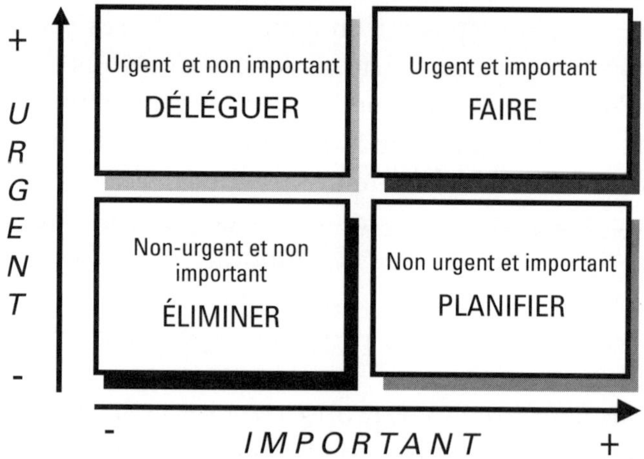

Figure 2.2 – Les 4 quadrants de la matrice dite d'Eisenhower

En posant un regard critique sur ce qui a rempli votre agenda vous réaliserez un certain nombre de choses :

Certaines tâches ne sont ni importantes ni urgentes pour l'exercice de votre mission. Elles sont tout simplement à éliminer et cela ne devrait pas être trop difficile ! Les critères d'urgence et d'importance restent subjectifs et propres à chaque organisation. Ainsi, un dirigeant nous a objecté qu'il prenait tous les jours son café à la même heure, qu'il en profitait pour aller discuter avec les uns et les autres et qu'il n'était pas prêt à renoncer à ce rite. Pour lui, cette activité est donc importante (c'est pour cela qu'il y tient). Si ce rite du café, dans ces conditions, est importante et inscrite dans un horaire, elle doit sans aucune hésitation aller dans la rubrique « *à faire* ».

Certaines tâches se révèlent non importantes et urgentes : demandez-vous au cas par cas à qui vous auriez pu les confier.

> Si vous êtes un dirigeant durablement débordé, votre agenda est rempli de tâches urgentes et importantes. C'est justement dans ce quartile que vous allez dénicher vos gisements de progrès.

D'autres se révèlent à la fois importantes et urgentes : ce sont elles qui ont rempli votre agenda et le jour J., vous aviez raison de les faire.

Enfin, certaines tâches relèvent du non urgent et important : ce sont elles qui passent le plus facilement à la trappe et qui souvent nous traversent la tête, mais que nous négligeons trop souvent de planifier, nous exposant, dans quelques semaines ou mois à des situations d'urgence.

Atelier – Se concentrer sur sa mission grâce à la matrice d'Eisenhower

Repérez et analysez chaque évènement ou tâche de ce quartile dans votre agenda des dernières semaines et pour chacun demandez-vous : était-ce vraiment à moi de le faire / de participer ? Si vous en doutez ou réalisez que ce n'était pas le cas :

- Est-ce que cela signe un défaut de délégation ?
- Est-ce que cela résulte d'un manque d'anticipation ?
- Et dans les deux cas, quelle disposition nouvelle puis-je prendre ?

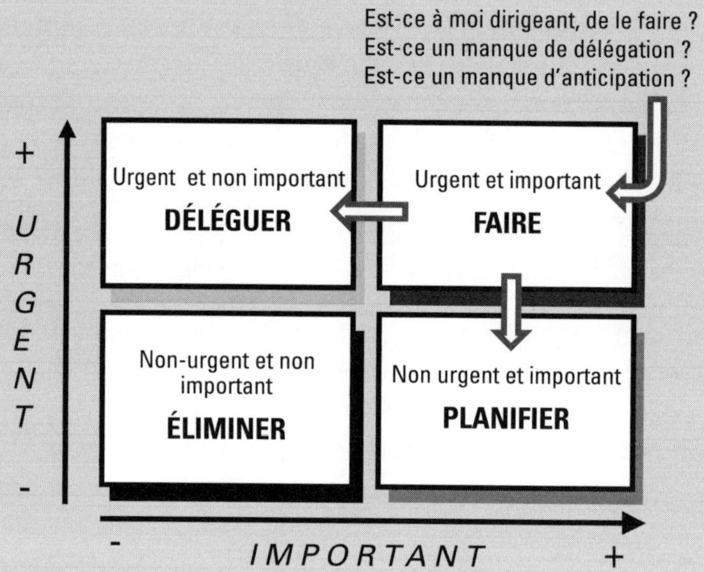

Ce travail de diagnostic sur l'agenda est très vertueux pour le dirigeant qui veut se centrer toujours plus sur sa mission. Nous recommandons à tout dirigeant qui veut se renforcer dans son action et vivre mieux de réaliser ce diagnostic une fois par trimestre, dans un environnement stable. Pour un dirigeant d'entreprise en hypercroissance, ce diagnostic mérite d'être réalisé encore plus souvent.

Quand les effectifs se renforcent, quand l'organisation de l'entreprise se transforme, l'organisation personnelle du dirigeant et l'utilisation de son temps doivent évoluer. La mission ne change pas mais son mode d'exercice lui, change. L'agilité nécessitée par cette hypercroissance commence dans l'organisation du dirigeant.

▪ Consacrer régulièrement du temps à l'élaboration de son agenda

Ce diagnostic sur la gestion passée de l'agenda aide le dirigeant à planifier la suite. L'agenda des prochaines semaines et mois se remplit au fil de l'eau, au gré des évènements, des sollicitations, des projets lancés, etc. On peut dire que tombent dans le panier des éléments qu'on a soi-même initiés comme dirigeant et d'autres issus de l'initiative d'autres acteurs internes ou externes. Cela donne parfois le sentiment d'un déversement sans fin. Le dirigeant doit garder sa liberté dans l'usage de son temps. Autrement dit, faire des arbitrages et parfois renoncer à des engagements pris précédemment. Il ne s'agit pas d'un abus d'autorité. Liberté ne veut pas dire égocentrisme ou légèreté. Il s'agit de la conscience de ce qui est bon pour l'entreprise et pour soi. Consacrer un moment (30 minutes au moins) chaque semaine à la gestion de son agenda en revisitant les priorités à venir est une habitude très salutaire pour le dirigeant. Démarrer la semaine avec une vision d'ensemble d'un agenda librement accepté est source de confort et d'efficacité.

Gilles Pélisson, actuellement P-DG du Groupe TF1, explique très bien cette tension permanente vécue par le dirigeant entre la nécessaire structuration de son emploi du temps et la volonté de répondre aux sollicitations ou de saisir les opportunités. Avec l'image de la corde suspendue le long du mur sous un clou, il explique que si l'organisation du dirigeant (le clou) est bien établie, l'organisation de l'entreprise (la corde) connaîtra des oscillations faibles. Si l'organisation du dirigeant est instable, l'ampleur des oscillations sera très grande dans l'organisation de l'entreprise. Si c'est particulièrement vrai dans les grandes entreprises, en raison de la longueur de la corde, c'est aussi une réalité dans les entreprises plus modestes.

▪ Devenir malin pour optimiser son temps : la semaine des 4 heures gagnées

Tim Ferriss, dans son livre best-seller éponyme, propose « la semaine de 4 heures[16]. » L'idée est sympathique et la semaine de 4 heures n'est pas un objectif irréaliste pour qui en fait une priorité absolue et est disposé à beaucoup travailler avant d'y parvenir ! Plus modestement, nous proposons aux dirigeants qui prennent plaisir dans leur travail le concept de « la semaine de 4 heures gagnées ». Réalisons que si nous parvenons à grappiller 24 minutes par demi-journée sans sacrifier certaines tâches, nous nous dégagerons 4 heures dans la semaine... Pour en faire ce que bon nous semblera !

Visconti, un acteur de référence dans l'accompagnement des dirigeants, a eu la bonne idée de collecter auprès de ses clients les bonnes pratiques de gestion de l'agenda. Citons-en quelques-unes :

- Limitez la durée de toutes les réunions internes et externes (ex. entretien de recrutement) auxquelles vous participez à 45 minutes.
- Exigez que les supports Powerpoint de réunion ne dépassent pas 15 slides. Gains : raccourcir le temps de production des documents supports, faire un effort de synthèse, maîtriser le temps de la réunion (3 minutes par slide en moyenne).
- Saisir en direct les comptes rendus de toutes les réunions internes et externes, avec un chrono d'actions que vous ou vos collaborateurs suivrez d'une réunion à l'autre. Les paroles s'en vont, les écrits restent.
- Bloquez dans votre agenda journalier les tâches les moins conceptuelles au moment où vous êtes le moins performant dans vos journées.

16. Ferriss T., *La Semaine de 4 heures. Travaillez moins, gagnez plus et vivez mieux !*, Trad. par Emilie Borgeaud, Pearson France, 2008.

• N'acceptez pas de prolonger les échanges sur des sujets qui ne sont pas prêts. Vous n'êtes pas là pour « produire » ou pour « compenser ». Renvoyez au travail des groupes ou personnes en charge et faites revenir ce sujet lorsqu'il sera prêt.
• Faites travailler les gens ensemble, ne devenez pas le « pivot » par qui tout transite.
• Mettez en place des codes couleur sur votre agenda (ex. commerce en vert ; production en bleu ; réunions et autres activités internes en jaune ; personnel en rouge).

... Et tant d'autres idées concrètes qu'on peut partager entre dirigeants !

Ces conseils pratiques viennent de dirigeants. À chacun d'identifier ce qui peut lui permettre de gagner du temps et qui est simple à mettre en œuvre en fonction de sa culture, son style, etc. La semaine des 4 heures gagnées est à la portée de tous, à condition que l'on accepte de remettre en cause certains usages.

> Gagner du temps permet de réallouer son temps à ce qui est plus utile, à ce qu'on aime, à ceux qu'on aime.

Tous les dirigeants (et les humains en général) n'ont pas les mêmes aptitudes naturelles pour la gestion du temps. Reconnaissons d'ailleurs que cette diversité apporte certaines couleurs à la vie ! Qu'on soit naturellement doué pour cela ou pas, faire de la gestion du temps une discipline de vie et s'y entraîner est source de progrès pour son efficience personnelle. Avec des impacts sur sa vie professionnelle et personnelle.

▪ Naviguer sur le temps court et le temps long

Levons le nez de cette gestion de l'agenda pour regarder ce qui se joue à travers elle : plus que tout autre dans l'entreprise, le dirigeant est celui qui voyage dans le temps. Il est à la fois attendu sur le temps court pour suivre l'exploitation, l'avancement des projets, apporter son soutien à ses collaborateurs plus investis que lui dans l'opérationnel. Il est aussi celui qui vit sur le temps long, qui explore, qui entraîne les autres à lever la tête, qui anticipe. Naviguer entre le temps court et le temps long est une gymnastique à acquérir. Cela doit se lire dans l'agenda. C'est aussi une organisation à mettre en place comme nous le verrons plus loin.

Le dirigeant doit avoir un pied dans le présent et un pied dans le futur.

Gérer des injonctions paradoxales

Une autre difficulté inhérente au métier de dirigeant est qu'il doit gérer des injonctions paradoxales. Examinez la liste suivante. Si vous vous y retrouver, c'est que vous êtes un dirigeant conscient !

- ☐ Préparer le long terme / assurer la rentabilité court-terme ;
- ☐ Rêver à demain / être dans la réalité d'aujourd'hui ;
- ☐ Être sur l'exploration / sur l'exploitation ;
- ☐ Assurer la croissance / consolider les acquis ;
- ☐ Garder le cap / s'adapter (agilité) ;
- ☐ Créer de la valeur pour les acteurs internes (actionnaires, salariés) / créer de la valeur pour les acteurs externes (clients, fournisseurs, société civile, etc.) ;
- ☐ Embaucher les meilleurs / contenir la masse salariale ;
- ☐ Être humain / être rigoureux ;
- ☐ Développer une culture commune / valoriser la diversité des collaborateurs ;
- ☐ Favoriser le collectif / valoriser les talents individuels ;
- ☐ Considérer l'ensemble / soigner les détails ;
- ☐ Développer la coopération / Préserver ses avantages concurrentiels ;
- ☐ Être pleinement responsable / faire confiance ;
- ☐ Affirmer l'individu / affirmer le groupe ;
- ☐ Soutenir / confronter ;
- ☐ Favoriser l'expérimentation et l'apprentissage / favoriser la performance ;
- ☐ Encourager l'improvisation / structurer l'innovation ;
- ☐ Faire preuve de patience / être conscient de l'urgence.

Toutes ces injonctions paradoxales convergent vers celui ou celle qui porte la responsabilité globale de l'entreprise. C'est ce que vivent nos dirigeants politiques. Il leur est facile lorsqu'ils ne sont que militants de dire ce qu'il y à faire pour résoudre tous les problèmes du pays. Une fois au pouvoir, ils découvrent par exemple qu'il va falloir en même temps soulager les charges qui pèsent sur les entreprises et financer la protection sociale. Les dirigeants de tous les pays du monde ont eu simultanément à gérer un même paradoxe : maîtriser la progression des contaminations à la Covid-19 et maintenir l'activité économique. Ironie de l'histoire d'ailleurs : Emmanuel Macron communiquait pendant la campagne présidentielle de 2017 avec beaucoup de « *et en même temps* » jusqu'à se le faire reprocher dans les médias. La crise sanitaire lui aura donné l'occasion de vivre ce « et en même temps » à la puissance 10 !

Comment gérer ces injonctions paradoxales lorsqu'on est dirigeant d'entreprise ? Il s'agit d'abord de les accepter comme inhérentes au métier de dirigeant. Il convient aussi de ne jamais renoncer à l'un des versants d'un paradoxe, au risque que vos équipiers vous trouvent incohérents. Ils sauront d'ailleurs vous le manifester : « *Tu nous dis qu'on doit recruter les meilleurs ? Et l'autre jour tu nous as rappelé la nécessité de contenir la masse salariale… il faudrait savoir* ! »

Surtout, vous pourrez rechercher dans la gestion des paradoxes l'opportunité de faire la différence avec la concurrence. Parce que justement, c'est dans sa manière d'intégrer les injonctions paradoxales que notre entreprise peut faire la différence dans son environnement. Si nous devons recruter les meilleurs tout en contenant la masse salariale, voilà un beau sujet dans lequel nous allons mettre toute notre créativité pour trouver les meilleures réponses. Ces injonctions paradoxales devraient alimenter les ordres du jour des comités de direction.

Gérer sa motivation

Même si le métier de dirigeant est par certains côtés exaltant, la motivation du dirigeant n'est pas linéaire puisqu'il n'est pas une machine. Au fond, c'est comme pour tout le monde. Cependant, une baisse de motivation pour le dirigeant peut avoir de grandes conséquences. La motivation est contagieuse. La démotivation aussi. Cela vaut le coup de s'en occuper sérieusement ! Peut-être vivez-vous actuellement une période de démotivation ou de manque de motivation. Comment la gérer ?

Nous vous recommandons d'abord d'accueillir cette réalité, de la prendre comme elle est, sans vous juger. Vous devez l'interroger. Votre démotivation est un signe, une invitation à changer quelque chose. Les causes de démotivation du dirigeant sont multiples :

- l'étape de découverte est terminée, on s'installe dans une routine, on ne prend plus de plaisir ;
- on est las de déployer des efforts au vu de résultats décevants ;
- l'entreprise fonctionne bien et on commence à s'ennuyer ;
- l'entreprise a vécu des revers décourageants ;
- l'actionnaire exprime trop peu de reconnaissance au regard de l'engagement et des résultats obtenus ;
- trop peu de visibilité sur l'avenir ;
- un départ d'un collaborateur précieux vécu comme une trahison, etc.

Une fois la ou les causes identifiées, vous pourrez prendre les choses en main et faire évoluer la situation. Et si vous percevez que cela suppose une décision radicale comme quitter l'entreprise, il vous faudra le courage de le faire, dans l'intérêt de l'entreprise mais aussi dans le vôtre.

Heureusement, la plupart des baisses de motivation trouvent leur cause dans des situations auxquelles on peut facilement remédier. Un petit pas de côté et un nouvel équilibre se construit, et qui sait, peut-être qu'une nouvelle étape enthousiasmante s'engage.

Prévenir son isolement

Au risque de vous surprendre, nous annonçons tout de go que nous militons pour la solitude du dirigeant. La vie est si dense qu'on a parfois l'impression d'entrer dans un tunnel le lundi matin dont on ne sortira que le vendredi soir, à condition de ne pas mourir asphyxié entre-temps. Il n'est juste pas possible de prendre des décisions engageantes dans le flot du quotidien. Il doit en effet y avoir pour cela des moments de réflexion, de confrontation des idées, et des moments de décantation. Tous les grands leaders de l'histoire tels que Jésus, Gandhi, Nelson Mandela, ont vécu des moments de retraite dans la solitude, choisis ou imposés, avant d'engager l'action. Sans doute expérimentez-vous souvent qu'une idée formidable germe dans votre cerveau à un moment absolument pas prévu pour cela. Ce n'est pas bizarre, c'est normal. Il faut même que le cerveau soit « débrayé » pour qu'il vous offre ce cadeau. Alors le dirigeant ne doit pas se priver de ces moments de solitude. Plus que cela, il doit les prévoir. Malheureusement, beaucoup de dirigeants sont entravés dans des croyances qui rendent cela difficile. Combien de fois avons-nous entendu ceci : « *Le dirigeant doit être exemplaire ! Je mets mon point d'honneur à arriver le premier à l'entreprise et à repartir le dernier.* » Nous ne remettons pas en question le principe de chercher à être exemplaire. Nous invitons seulement à choisir les bons combats. Être exemplaire sur le respect des valeurs de l'entreprise, oui. Être exemplaire sur les exigences demandées à tous, oui. Mais être exemplaire sur le nombre d'heures (visibles) de travail nous semble réducteur. Le dirigeant n'est pas rémunéré pour des heures passées dans l'entreprise. Il y a des moments de solitude qui peuvent rapporter gros à celle-ci. Alors, oui à la solitude et non à l'isolement !

Il y a des décisions qu'on doit prendre seul parce qu'on est le dirigeant. Ce n'est pas une raison pour construire seul ces décisions. Seul, on s'expose aux effets de biais et à ses croyances limitantes.

Avec d'autres, on bénéficie de l'intelligence collective. Il y a maintes façons de prévenir l'isolement : intégrer des réseaux de dirigeants, se former, faire appel à des conseils, etc. Il faut toutefois, en premier lieu, mettre en place une saine gouvernance dans l'entreprise. Le dirigeant est seul, surtout s'il le veut bien. C'est pourquoi nous allons maintenant nous intéresser à un très bon moyen de diriger de manière plus collégiale : en impliquant son premier cercle.

Chapitre 3
Mobiliser son premier cercle

Executive summary

- Mobiliser et animer son premier cercle est un moyen de vivre la direction de façon collégiale, de construire de meilleures décisions et de permettre aux collaborateurs directs d'appréhender l'entreprise de manière globale.
- La mission d'un codir ou comex est celle du dirigeant, vécue collégialement.
- Quatre critères sont proposés pour composer un comité de direction : le nombre, la représentation de toutes les fonctions, la complémentarité des profils de personnalité et l'aptitude au travail en équipe.
- On optimise significativement l'efficacité du comité de direction en élaborant un programme de travail sur une année, en veillant à donner leur juste place aux sujets de stratégie, à la performance opérationnelle et aux politiques qui servent le projet de l'entreprise.
- Le résultat passe aussi par le respect des postures que le dirigeant est en droit d'attendre de ses collaborateurs et de celles qu'il doit lui-même adopter pour permettre à ses équipiers de prendre toute leur place.
- Vous vous questionnez sur la pertinence d'un comité de direction pour le contexte spécifique de votre entreprise ? Nous vous proposons 6 questions pour organiser votre réflexion.

Le codir : une bonne pratique, un investissement, des exigences

Récit d'expérience

Ségolène a repris l'entreprise familiale qui agit dans le domaine de l'environnement (traitement de déchets et recyclage). Elle représente la troisième génération.

Avant elle, l'entreprise était dirigée de façon autoritaire par ses deux parents. Ségolène ne veut pas de ce mode de fonctionnement qu'elle qualifie « d'à l'ancienne ». Pour marquer sa volonté de rupture avec les usages du passé, Ségolène a constitué un comité de direction il y a trois ans. Elle a proposé à quatre de ses collaborateurs de l'y rejoindre. Contre toute attente, elle a d'abord rencontré des réticences. Les personnes concernées lui ont exprimé beaucoup d'interrogations sur l'intérêt de cette nouvelle organisation d'autant que cela allait générer « encore plus de réunions ». Certains lui ont rétorqué qu'ils étaient suffisamment au courant de ce qui se passait dans l'entreprise, que celle-ci n'était pas une multinationale et qu'il était facile de se coordonner au quotidien.

Ségolène a néanmoins insisté. Elle a fait réserver une demi-journée par mois dans les agendas et s'est lancée. Les premières réunions ont été les plus réussies, Ségolène avait préparé quelques sujets de travail. Il n'en est pas sorti beaucoup de choses, mais au moins, Ségolène a eu l'impression de faire vraiment équipe.

Trois ans plus tard, Ségolène remet en question l'intérêt du comité de direction. Celui-ci est tombé dans une routine. On se contente le plus généralement de partager les tableaux de bord et actualités des différents services. Certains des membres répondent à leurs mails pendant que les autres s'expriment. Surtout, Ségolène déplore que ses équipiers ne se mouillent pas et restent chacun très centrés sur leurs propres activités dans l'entreprise. Elle calcule le temps passé dans ces rencontres et le croise avec les niveaux de rémunération pour chiffrer l'investissement annuel. Ségolène est très affectée par cette situation. Continuez ainsi ? Sûrement pas. Revenir en arrière ? Non plus. Inventer autre chose ? Sans doute, mais quoi ?

Vos collaborateurs directs sont compétents et très engagés chacun dans leur fonction. Pourtant, l'entreprise grandissant et se complexifiant, vous déplorez des bugs dans l'organisation et de la lenteur dans les prises de décision. Vous restez seul à porter les préoccupations qui relèvent de la direction générale et cette situation commence à vous peser. Vous rencontrez une limite, pour vous et pour l'entreprise. Le moment est probablement venu de vous questionner sur la mobilisation de votre premier cercle, à travers ce que l'on appelle classiquement un comité de direction.

Beaucoup de dirigeants de start-up et de PME n'apprécient pas ce terme qu'ils trouvent pompeux et exagéré par rapport aux attributions qu'ils envisageraient de lui donner. De ce fait, en rejetant le terme et l'organe qu'il désigne, ils se privent d'un moyen précieux de franchir un cap et porter plus loin le développement de leur entreprise. Car une direction plus collégiale apporte de la sécurité, de la profondeur dans les réflexions et une mise en œuvre plus efficace des décisions. Si c'est votre cas également, nous vous invitons à laisser de côté le terme pour un autre qui vous convient mieux. Par souci de simplicité, nous utiliserons ici le terme « codir ».

Il est utile de rappeler que le comité de direction n'a pas d'existence juridique en tant que telle. C'est une pratique qui s'est développée dans les entreprises et notamment dans celles qui se préoccupent de leur pérennité et de leur développement. La mise en place d'un codir et son animation exposent cependant le dirigeant à un certain nombre de difficultés pour trois raisons majeures :

- la taille de l'entreprise et le préjugé consistant à croire que le codir n'existe que dans les grands groupes ;
- la réticence et/ou les difficultés du dirigeant à développer une collégialité dans la prise de décision ;
- le manque de discipline organisationnelle. En effet, les qualités professionnelles et personnelles de chacun de ses membres ne suffisent pas à rendre un codir performant.

C'est pourquoi le constat que nous faisons souvent dans les entreprises est que si on est en général valorisé en intégrant un codir, la réalité vécue est souvent celle de la désillusion. Voici ce que l'on entend le plus souvent : *« On ne nous a pas indiqué la mission du codir » ; « j'ai souvent l'impression de perdre mon temps. » ; nos réunions sont mal préparées », « on discute et on ne décide pas » ; « on rediscute toujours des mêmes points » ; « on décide et puis plus rien » ; « certaines décisions sont prises en dehors du codir sans qu'on sache pourquoi » ; « on est installé dans une routine insupportable » ; « j'en ai assez des affrontements de personnalité » ; « le codir, c'est un peu la cour du dirigeant ».*

Ces constats sont d'autant plus regrettables que le fonctionnement d'un codir est un investissement significatif pour l'entreprise.

Nous ne disons pas qu'il faut absolument mettre en place un codir. Nous estimons néanmoins que si vous choisissez de diriger avec un codir, votre intérêt est de le faire très bien.

Prenons l'exemple d'une PME dont le codir de 7 personnes se réunit 2 heures toutes les semaines pendant 48 semaines. Voici l'ordre de grandeur du coût : 7 × 2 × 48 × 100 €[16]= environ 70 K€. Quel dirigeant accepterait d'investir dans une machine qui revient à 70 K€ par an, sans exiger que celle-ci donne à plein régime et sans en organiser la maintenance ?

Pour vous guider dans la réflexion et l'action, nous vous proposons de commencer par un état des lieux de la manière dont vous dirigez votre entreprise, avant d'émettre des bonnes pratiques de composition et d'animation d'un codir issues de l'expérience de dirigeants. Ces bonnes pratiques sont à considérer comme des repères pour construire l'organisation qui sera adaptée à votre situation particulière. Nous savons aussi qu'entre diriger seul et diriger avec un codir, toutes les graduations sont possibles et le chemin est progressif. Vous devez cependant entrer dans un fonctionnement cohérent.

17. Estimation pour un dirigeant rémunéré 120 K€ brut et 6 cadres rémunérés en moyenne 80 K€ brut, intégrant salaires, charges attachées et autres frais de fonctionnement.

Nous vous proposerons donc une série de questions à vous poser pour passer de la situation dans laquelle vous vous trouvez à la situation que vous désirez. Si vous dirigez une organisation très collaborative, vous trouverez également quelques éléments de réponse quant à la place et la nécessité du codir alors que les équipes et les personnes sont autonomes.

Réaliser son état des lieux

Prenez un temps de réflexion pour répondre aux questions suivantes. Elles vous permettront d'analyser votre situation.

Je dirige seul(e)	*Je dirige en impliquant mon premier cercle (codir, comex, copil, comop...)*
o En quoi ce choix me convient-il ? o Qu'est -ce qui le motive ? o Qu'est-ce qui pourrait faire évoluer la situation ?	o Comment est-ce que j'implique mon premier cercle ? o Suis-je satisfait ? o Quelles difficultés ?

Figure 3.1 – Réaliser son état des lieux

Il est possible que tout en dirigeant seul vous impliquiez occasionnellement votre premier cercle, et inversement. Si vous dirigez plutôt seul, cela peut tenir à la taille de votre entreprise, au stade de maturité que vous percevez chez vos collaborateurs au regard des sujets relevant de la direction générale, ou à votre propre conception du rôle du dirigeant et de l'exercice du pouvoir.

Si vous dirigez en impliquant votre premier cercle, c'est peut-être parce que vous avez hérité d'une organisation déjà en place lors de votre prise de fonction, ou parce que vous vous êtes convaincu que vous avez, vous et l'entreprise, à y gagner. Dans tous les cas, prenez le temps de répondre aux questions posées, cela vous permettra de mettre en action et d'adapter les bonnes pratiques d'animation d'un codir.

La mission d'un codir

Le dirigeant et les autres membres d'un codir doivent avoir compris la mission de cette instance pour jouer individuellement et collectivement leur rôle. Comment exprimez-vous, en une phrase, commençant par un verbe à l'infinitif, la mission d'un codir ?

Au fond, diriger avec un codir, c'est vivre la direction générale de façon collégiale. C'est pourquoi, la mission du codir épouse complètement la mission du dirigeant exécutif (DG/CEO). Il n'y a pas de distinction entre la mission du DG et la mission du codir. Cette mission du DG, donc du codir, est celle que nous définissions précédemment : « élaborer la stratégie et en piloter l'exécution[18]. »

De façon imagée, lorsque le codir est réuni, c'est comme si tous les membres étaient sur le siège du DG. Cela ne retire rien à la responsabilité du DG, qui reste en dernier ressort l'arbitre des décisions. Le dirigeant a intérêt à faire comprendre à ses équipiers qu'il veut vivre sa fonction de façon collégiale par choix. C'est avec ses équipiers qu'il veut exercer sa mission « exécutive ». Et il est bon qu'il leur énonce pourquoi. Nous avons observé qu'ainsi exprimées, les motivations amènent les membres du codir à faire évoluer leur posture.

Tout ce qui va suivre, ne tient que si on partage l'idée que la mission du codir est celle du DG. Dans le cas contraire, on ne peut mettre en place que des formes déclinées du codir, ce qui peut par ailleurs constituer des marches intermédiaires.

---

18. Nous rappelons que cette formulation peut faire débat selon le contexte, notamment sur les rôles respectifs – concernant la stratégie – du dirigeant exécutif et de son équipe d'un côté, du conseil d'administration (mandaté par l'actionnaire) de l'autre.

Composer un codir

Pour constituer ou renouveler le codir, le dirigeant peut s'appuyer sur quatre critères :

Le nombre

Le codir est constitué de 3 à 8 membres (dont le dirigeant lui-même). À deux, il n'est pas nécessaire de mettre en place une organisation spécifique. Au-delà de huit, il est difficile de créer et maintenir une bonne dynamique ; le temps d'expression de chacun lors des réunions devient insuffisant. D'ailleurs, une situation dans laquelle un dirigeant manage durablement plus de huit collaborateurs en direct est probablement à revoir.

La représentation de toutes les fonctions de l'entreprise

Et ceci, parce que le champ de responsabilité du DG, et donc celui du codir, recouvre toutes les activités de l'entreprise. Tout collaborateur doit savoir que son activité est directement ou indirectement représentée au sein du codir par le cheminement hiérarchique. Formulé différemment : personne dans l'entreprise ne doit pouvoir se dire que son travail n'intéresse pas l'équipe dirigeante.

La complémentarité des fonctions et des profils de personnalité

Lorsque des comités de direction sont constitués uniquement de développeurs – on rencontre ce cas dans des entreprises créées par un groupe d'entrepreneurs associés –, le risque est grand d'aller trop vite, trop fort, tout droit dans le mur !

À l'inverse, un codir constitué exclusivement de profils « garants », c'est-à-dire enclin à rappeler les règles et à détecter les risques, est exposé à l'immobilisme. Voilà pourquoi le dirigeant doit veiller à l'équilibre des profils au sein du codir. Prendre conscience des profils en présence favorise la compréhension mutuelle et la capacité à travailler ensemble. Il existe différents outils pour explorer les complémentarités entre personnalités (ennéagramme, MBTI, Management Drives, méthode des couleurs, etc.). Au-delà, ces outils peuvent mettre en évidence des points de faiblesse pour l'équipe ainsi formée. Par exemple, peut-être que dans notre codir, la dimension planification / organisation ou la dimension sensibilité au risque sont sous-représentées.

Toutefois, rétorquerez-vous, si l'on a composé son codir en partant de la représentation des fonctions, on hérite des personnalités exerçant ces différentes fonctions : comment alors intégrer ce critère de complémentarité des personnalités ? D'abord, en prenant conscience d'un déséquilibre ou d'un manque, le dirigeant peut s'efforcer de corriger et de rééquilibrer le fonctionnement du groupe par sa propre attitude, même si c'est un effort exigeant et coûteux pour lui-même. Il pourra aussi en tenir compte à chaque occasion de recrutement d'un futur membre de codir. Cela veut dire par exemple qu'en plus de choisir le meilleur candidat pour la fonction marketing, il pourra intégrer aussi comme critère le profil qui enrichira le plus le codir.

Les comportements et valeurs

Un collaborateur incapable de jouer collectif n'a pas sa place dans un codir. *A contrario*, il doit d'abord regarder l'intérêt général avant de regarder l'intérêt de son service ; il se préoccupe d'abord de la performance collective ; il est capable de sortir de la logique « silo », condition clé pour que ses propres collaborateurs en sortent aussi. Dès lors qu'un membre du codir « joue perso », inéluctablement, il induira le même comportement chez ses coéquipiers qui ne peuvent tolérer durablement cette injustice. C'est pourquoi, le comportement en codir mérite de figurer parmi les critères d'évaluation régulière à laquelle tout collaborateur a droit.

Ces quatre critères proposés pour composer son codir conduisent à en désigner les membres. Sortir de ces critères est bien sûr possible, à condition de savoir pourquoi. Le sens de la participation de toute personne au codir doit être connu et compris du dirigeant, de la personne concernée et de l'entreprise en général.

Outre les membres permanents du codir, il peut être pertinent d'inviter ponctuellement d'autres collaborateurs, par exemple pour leur donner l'occasion de présenter eux-mêmes un projet qu'ils portent, pour enrichir un échange, ou tout simplement pour désacraliser le codir. Le codir n'est pas une chambre secrète !

Organiser le fonctionnement du codir

Définir les sujets qui relèvent du codir

Si vos rencontres de codir se déroulent toujours avec le même ordre du jour, c'est sans doute qu'il n'en est pas vraiment un. C'est probablement une instance qui pilote plus strictement l'exploitation : suivi des tableaux de bord (commercial, production, financier), partage autour de l'actualité entre services, etc. Un véritable codir prend des décisions qui relèvent de la direction générale. Que mettre à l'ordre du jour des réunions du codir ? Qu'est ce qui relève du codir ? Quelle est la bonne fréquence de rencontres ? Quelle durée ? Comment éviter de tomber dans une routine ? Toutes ces questions sont interdépendantes.

Les sujets traités en codir découlent directement de sa mission : élaborer la stratégie et en piloter l'exécution. De ce fait, on traite en codir trois catégories de contenus (*cf.* figure 3.2) :

- stratégiques ;
- politiques (ou thématiques) ;
- opérationnels.

Stratégie

- Élaboration
- Évaluation
- Adaptation

Thématiques / Politiques

Exemple :

- Clients / qualité service
- Politique de formation
- Rémunération
- Chiffres
- Commercial
- Marketing
- Immobilier
- Digital
- Etc.

Opérationnel

- Partage d'informations
- Coordination
- Revue d'activités / projets

Figure 3.2 – Quels contenus ? Les thématiques de travail d'un codir

▪ La stratégie

La stratégie n'est pas un sujet parmi d'autres. Il y a des temps pour l'élaborer, des temps pour l'évaluer (où en est-on par rapport à ce qu'on avait prévu ? Est-on bien aligné ?), des temps pour l'adapter si nécessaire (Faut-il la faire évoluer ? Dans quel sens ?).

Travailler à la stratégie justifie qu'on planifie du temps spécifique et long pour permettre une réflexion approfondie. Cela peut justifier aussi qu'on sorte du cadre habituel de l'entreprise. Un séminaire dédié, au minimum une fois par an, est recommandé. Mais la fréquence pour aborder la stratégie dépend des circonstances. Par exemple, si l'entreprise connaît une période de crise interne ou externe, si un nouvel entrant perturbateur arrive sur le marché, le rythme de travail sur la stratégie doit être accéléré car il est probable qu'il y ait des décisions à prendre.

On peut initier un séminaire stratégique en s'ouvrant l'esprit, en prenant de la hauteur par rapport au quotidien, avec par exemple une visite d'entreprise, un intervenant inspirant, un expert, etc. Ces moments de prise de recul sont précieux. Ils régénèrent aussi les liens au sein de l'équipe.

▪ L'opérationnel/l'exploitation

Les sujets opérationnels sont en général les mieux traités : chacun y est dans sa zone de confort, on partage de l'information sur le passé récent et le présent à travers les tableaux de bord de suivi de l'exploitation. C'est le moment privilégié pour réaliser les arbitrages entre la production et le commerce par exemple, pour se coordonner sur les opérations à venir dans un futur proche. Le rythme pour aborder ces sujets opérationnels est donné par celui de l'exploitation. Il dépend de la nature des activités. Il s'étire selon les entreprises entre le rythme hebdomadaire et le rythme mensuel. C'est à vous de vous demander quel est le rythme nécessaire et suffisant pour prendre à temps les bonnes décisions de pilotage de l'exploitation.

▪ Les politiques

Entre la stratégie et les sujets opérationnels interviennent idéalement des sujets de politique ou thématiques. Ces sujets se situent au carrefour de la stratégie et de l'opérationnel. Ils traitent de la politique et des résultats par grande fonction (RH, marketing, commercial/relations clients, digital, immobilier, etc.), en déclinaison de la stratégie de l'entreprise.

Pour bien comprendre ce que nous entendons par le terme *politique*, précisons que dans l'organigramme fonctionnel de l'entreprise, chacun des blocs (commerce, production, R&D, marketing, communication, administration, finances, RH, système d'information, digital, etc.) comporte deux volets :

- le volet politique. (ex. la politique marketing ; la politique commerciale ; la politique RH[19]).
- le volet opérationnel (ex. les opérations marketing ; les opérations RH).

19. Par exemple, une politique RH, en déclinaison de la stratégie générale de l'entreprise, définit des principes d'action, des processus, des outils pour attirer, recruter, engager, accompagner, former, fidéliser les collaborateurs.

C'est le rôle du dirigeant (et celui du codir quand il existe) de s'assurer qu'une politique claire est établie pour chacun des blocs, que cette politique est alignée avec le projet d'entreprise (la stratégie) et le sert, et que les politiques pour tous ces blocs sont cohérentes entre elles.

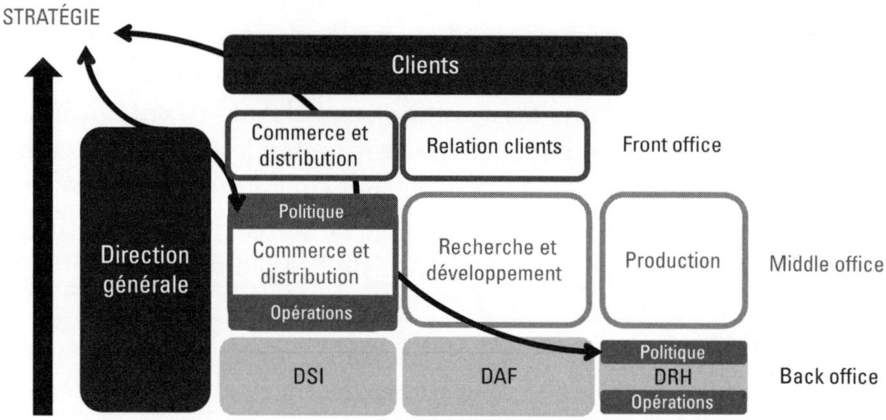

Figure 3.3 – Interrelations entre CEO et autres fonctions

Le codir est donc le lieu où l'on valide ensemble les politiques proposées pour chacun de ces blocs et où l'on vérifie leur mise en œuvre effective et leur pertinence. On introduit dans le programme de travail du codir des séquences dédiées pour aborder ces sujets de politique sous forme de revues thématiques qui concernent tout à tour la politique commerciale et ses résultats, la politique RH et ses résultats, la politique marketing et ses résultats, etc.

La liste de ces thèmes dépend du contexte de l'entreprise. L'idée à retenir est qu'entre la stratégie qu'on revisite de loin en loin (qui s'inscrit dans le temps long) et l'opérationnel qu'on suit au rythme de l'exploitation (qui s'inscrit dans le temps court), le codir doit adresser aussi, avec une fréquence adaptée aux situations, les sujets relevant des politiques. Ces politiques nourrissent l'excellence opérationnelle d'une part et sont la déclinaison concrète du projet de l'entreprise d'autre part. Ces revues ne sont évidemment pas systématiques à chaque réunion du codir. Mais les thématiques doivent être identifiées en fonction des grands enjeux portés par l'entreprise et planifiées sur l'année.

La répartition du temps consacré par le codir à la stratégie, à l'opérationnel et aux politiques varie selon la taille des entreprises. Dans les grandes entreprises, les sujets opérationnels sont plutôt traités sous forme de partage d'informations, mais les décisions liées à l'exploitation sont généralement traitées avant et par d'autres instances que le codir. Dans une petite PME, les membres sont eux-mêmes très impliqués dans l'opérationnel, sujet qui garde toute sa place dans le planning de travail.

Points d'attention : quand plusieurs associés sont engagés dans l'exécutif

Il existe un écueil dans les situations d'entrepreneurs associés ou pour les professions libérales : mélanger les genres entre le codir et le comité d'associés ou conseil d'administration. Les problématiques et décisions qui relèvent de l'actionnaire doivent être traitées à part. En effet, les intérêts de l'entreprise et les intérêts de l'actionnaire ne sont pas systématiquement alignés. On respecte mieux les uns et les autres en les abordant séparément. C'est d'ailleurs aussi respecter les collaborateurs.

Construire un programme annuel de travail

Ce qui précède permet d'entrevoir qu'il sera difficile de traiter de stratégie, d'opérationnel et de politique dans un format de réunion unique, ce que pourtant on observe souvent dans les entreprises.

La fréquence et le format des réunions doivent en effet être adaptés à chaque catégorie de sujets. Cela suppose de construire un programme de travail inscrit dans un calendrier. La pratique répandue qui consiste à demander aux uns et aux autres quels sujets ils souhaitent aborder lors de la prochaine réunion de codir puis d'arbitrer au dernier moment n'est pas optimale.

C'est l'actualité, donc les préoccupations court-termes, qui risquent d'être le seul critère de régulation des ordres du jour.

Au contraire, les dirigeants qui bâtissent un programme annuel de travail optimisent la performance de leur codir et gagnent en sérénité. Comment s'y prendre ?

■ **Dessiner le cycle annuel de la vie de l'entreprise**

Sur une feuille, tracez un cercle qui représente le cycle annuel de la vie de votre entreprise. Scindez le cercle en 12 arcs égaux qui représentent les 12 mois de l'année que vous affichez chacun par son initiale.

■ **Établir l'agenda général de l'entreprise (pas encore celui du codir)**

À l'extérieur du cercle, positionnez tous les évènements, activités et étapes récurrents qui marquent la vie de l'entreprise. Pour cela, traitez successivement les grands aspects de la vie de l'entreprise :

- **Juridique**. Positionnez-le(s) Assemblée(s) Générale(s), les Conseils ;
- **Gestion/Finances**. Positionnez :
  - la période d'élaboration du budget, le moment de validation ;
  - les publications des situations intermédiaires ;
  - la clôture des comptes annuels ;
  - etc.
- **Ressources humaines**. Positionnez :
  - la période des entretiens annuels ;
  - la préparation du plan de formation, le moment de sa validation ;
  - réunions des IRP ;
  - les moments clés de rassemblement des équipes (veux, assemblée, forums, etc.) ;
- **Commerce/marketing**. Positionnez :
  - les périodes de mise à jour de l'offre si elles existent ;
  - la préparation des campagnes marketing ;
  - les salons professionnels ;
  - etc.

- **Production/achats**. Positionnez :
  - les campagnes d'achat si elles existent ;
  - les pics de production éventuels ;
  - les périodes de maintenance ;
  - les audits qualité ;
  - etc.
- **Autres domaines :**
  - etc.

À la fin de cette étape, votre cercle est entouré d'informations, de plages d'activités qui représentent des évènements, activités et étapes récurrents. Il est possible que certaines périodes de l'année apparaissent plus remplies que d'autres. Visualiser ces événements, activités et étapes récurrents vous permettra de positionner aux meilleurs moments les thématiques traitées en codir.

▪ Établir le planning de travail du codir

Planifier le pilotage opérationnel. À quelle fréquence nécessaire et suffisante le codir doit-il se réunir pour piloter l'opérationnel (l'exploitation) compte tenu de la nature de votre activité ? à la semaine ? à la quinzaine ? au mois ? plus ? Combien de temps devez-vous vous réunir pour traiter ces sujets ? De quelles informations avez-vous besoin pour piloter l'opérationnel (l'exploitation) ? Quel type de décisions aurez-vous à prendre, qui n'auront pas pu être prises avant ? Le temps de ces rencontres codir consacrées au pilotage opérationnel se situe généralement entre 30 minutes et 2 heures. Il est influencé par la fréquence.

> Une question revient souvent : comment faire le tri entre les questions à aborder en codir ? La meilleure réponse que nous ayons entendue est la suivante : c'est la contrainte du temps imparti qui définit le niveau de détails et non l'inverse.

Positionner les sujets des politiques. Les sujets à programmer dépendent de l'entreprise, de la nature de ses activités, de sa stratégie.

À titre d'exemple, il peut être pertinent de programmer :

- le cadrage en début de période d'élaboration du budget ;
- des arbitrages en fin de période d'élaboration du budget ;
- des people review/l'élaboration du plan de formation après la période des entretiens annuels avec les salariés ;
- une veille marché/concurrence après un salon professionnel ;
- une politique d'achat avant une période de campagne ;
- la lecture pédagogique des comptes après la clôture ;
- etc.

Positionner le ou les séminaires stratégiques. À quel moment de l'année est-ce le plus opportun ? Les périodes les moins chargées sur le cercle que vous avez dessiné sont probablement les plus appropriées pour un maximum de disponibilité mentale. Si en plus elles se situent quelques semaines avant le lancement de la période budgétaire, c'est particulièrement opportun compte tenu de l'impact des décisions stratégiques sur les chantiers et investissements principaux.

Quand cela est fait, et pour être sûr de ne pas oublier le plus important : fermez les yeux et demandez-vous ce qui peut ou pourrait vous empêcher de dormir en raison de votre responsabilité de dirigeant. Vous allez identifier un ou deux points essentiels et vous vous demanderez s'ils sont positionnés dans le programme de travail que vous venez d'établir. Si par exemple c'est la sécurité des conditions de travail pour les salariés qui vous empêche ou pourrait vous empêcher de dormir, il est probablement opportun d'y consacrer une part du temps de travail en codir. À vous de définir la fréquence.

À la fin de cette étape, vous disposez d'un programme de travail annuel pour votre codir. Il comporte 3 types de réunions correspondant à des objectifs différents :

- des rencontres fréquentes, courtes, formatées pour piloter l'opérationnel ;
- des réunions thématiques positionnées à bon escient par rapport à l'agenda général de l'entreprise et dont les durées sont adaptées au sujet ;

- au moins un séminaire stratégique annuel qui donne du temps pour une réflexion approfondie (l'unité de compte est la journée).

Bien sûr, vous pourrez lier sur une même date des réunions de types différents. Les contenus et formats divers des réunions au fil des semaines et des mois contribuent à prévenir la routine. Les dirigeants qui établissent ainsi un programme de travail annuel pour le codir gagnent en sérénité. Avoir posé les sujets libère l'esprit. Cette planification n'empêche pas des adaptations en cours de cycle. Le codir reste maître de son programme.

Animer le codir

Vous êtes maintenant au clair avec la mission du codir, vous êtes satisfait de sa composition, vous avez construit un programme annuel de travail. L'essentiel va se jouer lors de vos réunions. Comment faire pour susciter de vrais échanges, pour se mettre en situation de prendre les meilleures décisions, pour que les membres du codir ressortent de ces rencontres avec plus d'énergie qu'en y entrant ? Ce sera une question de posture et d'organisation.

Vous avez choisi, vous dirigeant, de vivre votre fonction de manière collégiale en animant votre premier cercle. Vous êtes en droit d'attendre des membres de ce premier cercle certains comportements et le respect de certaines règles du jeu.

Les rôles et postures de chacun des membres

En premier lieu, chacun doit être au clair avec la mission du codir. C'est à vous de la formuler précisément auprès de votre équipe si vous ne l'avez jamais fait. À vous aussi d'expliquer le sens que vous donnez à votre choix de fonctionner avec un codir.

Exprimez aussi le fait que chacun doit participer d'abord en tant que dirigeant membre d'une équipe dirigeante et ensuite avec sa fonction propre dans l'organisation de l'entreprise. Cela veut dire, pour chacun, servir d'abord l'intérêt général (qu'est ce qui est bon pour l'entreprise ?). Cela exige aussi pour chacun d'exprimer son avis sur tous les sujets. Chacun doit être persuadé que l'entreprise a besoin de son avis, même sans être expert du sujet. Ce comportement n'est pas naturel. Certains de vos collaborateurs seront très hésitants à challenger les sujets portés par leurs collègues, parfois avec la peur de la réciproque. C'est dommage ! Ils privent le groupe de l'intelligence collective. Vous devrez insister jusqu'à ce que ces freins soient levés.

Rappelez les impératifs de l'écoute et du respect (on peut challenger les idées et les projets avec un profond respect des personnes). Demandez à vos équipiers d'oser exprimer leur point de vue en toute circonstance, y compris quand celui-ci ne rejoint pas la majorité ou votre propre avis. Leur point de vue n'influencera peut-être pas la décision mais influencera probablement dans le bon sens la manière de la mettre en œuvre.

> Vous pouvez également rappeler qu'il n'est pas sain de prendre contre soi une décision contraire à l'avis qu'on a donné. Le codir peut être un lieu d'affrontement des idées, pas des personnes.

Chacun doit préparer les réunions, lire les documents de présentation des sujets (préférer largement la synthèse sur une page A4 plutôt qu'un diaporama de 50 slides). Un vrai codir prend des décisions relevant de la direction générale. Ces décisions sont souvent engageantes. Les avis doivent être nourris et mûris.

Les rôles et postures du dirigeant

Une réunion de codir est pour le dirigeant l'une des situations à travers lesquelles s'exerce le plus visiblement sa mission de dirigeant. Il est bon de s'y préparer mentalement. Il peut suffire de quelques minutes de connexion à soi avant une rencontre du codir. On peut alors se demander quels sont les véritables enjeux de la rencontre, à quoi l'on veut être particulièrement attentif et quelles postures adopter quant aux différents sujets : apporter de la hauteur dans la réflexion ? impulser un projet ? manifester du soutien à un membre de l'équipe qui en a besoin ? se faire le gardien des objectifs, des valeurs ?

Le dirigeant peut aussi distribuer les rôles. Il n'est pas forcément celui qui anime les échanges. Il n'est pas forcément celui qui se fait gardien du temps. Il n'est pas forcément celui qui note les décisions. Tout peut être confié aux autres membres de l'équipe (sauf un rôle, celui d'arbitrer sur une décision quand cela est nécessaire). Plus le dirigeant est libéré de ces rôles, plus il pourra porter son attention aux échanges et au non-verbal.

En codir, le dirigeant parle peu puisque justement l'une des motivations pour faire vivre cette instance est de favoriser l'intelligence collective. Au contraire, il est attentif à ce que chacun s'exprime et aille au bout de ses idées. Lorsqu'il s'agit de partager les avis sur une situation ou un projet, le dirigeant est le dernier à exprimer le sien.

Par exemple, que pensez-vous de cette prise de parole d'un dirigeant : « Je vous rappelle qu'il y a quelques mois, nous avions prévu de décider aujourd'hui du lancement ou non de notre nouvelle gamme, en fonction de la situation de préparation dans laquelle nous nous trouverions. Je considère que nous ne sommes pas prêts. Qu'en pensez-vous ? » Probablement que le débat est clos !

Vous devez vous assurer que toutes les décisions importantes qui relèvent du codir sont effectivement prises en codir. Il est parfois tentant de décider sans attendre la prochaine réunion de codir. Cela décrédibilise le rôle du codir, avec un impact désastreux sur les équipiers. Après tout, les décisions relevant de la direction générale, hors période de crise, sont rarement urgentes. Et s'il faut vraiment décider vite, le sujet mérite probablement qu'on se réunisse vite.

Enfin, tous les dirigeants ont leurs sujets de prédilection et ceux qui les captivent moins. Ceci ne devrait jamais être un critère pour définir le temps imparti aux différents sujets. Le dirigeant doit veiller au respect des équilibres en ce domaine.

Manager les membres du codir

Les membres du codir sont en général autonomes (lorsqu'ils ont un statut de directeur et de membre d'une équipe dirigeante). Un management de type « miroir » (qui se rapproche du coaching en suscitant la capacité du collaborateur à évaluer par lui-même ses résultats et la pertinence de son action) est, pour ces niveaux de responsabilité tout particulièrement, plus adapté qu'un management directif.

L'engagement et la valeur ajoutée du collaborateur au sein du codir constituent un volet de son évaluation, en plus de l'évaluation dans sa fonction spécifique. Ces paramètres peuvent aussi à juste titre impacter sa rémunération individuelle, notamment si elle inclut une part variable. Le dirigeant qui veut promouvoir la transversalité peut aussi prévoir une part collective, égalitaire, pour les membres du codir, indexée sur les résultats de l'entreprise, mais aussi sur la qualité du travail du codir en tant que tel.

Prendre et mettre en œuvre des décisions

« Plus la décision est robuste, plus sa mise en œuvre est assurée. »

Un vrai codir est une instance qui prend des décisions. Dans le cas contraire, c'est une simple plateforme d'échanges ou de reporting collectif. Les membres du codir doivent savoir, en arrivant en réunion, ce que l'on va traiter et l'ordre du jour doit distinguer sujet par sujet ce qui est apporté pour information – pour avis – pour décision. Si le contrat est clair, les prises de parole seront adéquates. Le dirigeant doit veiller à la qualité des décisions prises. Cela suppose de respecter un certain nombre de règles. La première est, pour tous, d'arriver en codir avec une attitude ouverte face aux décisions à prendre. C'est bien humain d'avoir des convictions sur un sujet. Attention toutefois au risque d'entrer dans la manipulation pour parvenir à ses fins, même en ayant sa conscience pour soi. Elle prive le groupe – dont le manipulateur – d'un échange loyal destiné à explorer le sujet sous tous les angles et qui pourrait conduire à la meilleure décision, celle qui unira les forces pour la mettre en œuvre. Il est plus facile de résister à la tentation de manipuler si l'on croit sincèrement qu'on est plus intelligent à plusieurs que seul. Les difficultés seront ainsi abordées avec confiance.

Vous rencontrez certainement des situations dans lesquelles un sujet est source de tension entre deux services de l'entreprise. C'est assez fréquent entre le commercial et la production, car les incidents de l'exploitation peuvent nourrir au quotidien l'exaspération et se traduire aussi en tension à propos de sujets plus engageants à traiter en codir, comme des arbitrages d'investissements.

Il peut être pertinent de déminer les sujets (déminer, pas décider !) en amont du codir avec les personnes concernées pour ne pas importer le conflit dans cette instance. Certes, le dirigeant n'a pas à protéger le codir de toutes tensions – celles-ci peuvent être productives – mais il ne doit pas se retenir s'il peut éviter les tensions destructrices.

Prendre les meilleures décisions suppose aussi de pousser chacun des membres à exprimer son avis de façon systématique. Chacun est d'abord membre de l'équipe dirigeante avant de représenter sa fonction. Le directeur marketing doit donner son avis sur les projets présentés par le DRH et réciproquement. L'argument de la non-expertise ne tient pas. Chacun peut faire appel à son bon sens. On sait d'ailleurs le rôle puissant du candide qui pose les questions qu'on avait oublié de traiter. La prise de décision peut nécessiter plusieurs tours de table. Si on n'a pas d'avis tout de suite, alors on le dit. C'est déjà en soi une information à prendre en compte.

L'animateur qui sait susciter les rebonds (ex. « Que pensez-vous de ce que vient de dire Nicolas ? ») est précieux car il suscite la contradiction et augmente les chances d'explorer les sujets en profondeur. Notre expérience est que quand un codir est capable d'entrer dans cette profondeur d'échanges, un consensus émerge dans 95 % des situations (nous disons bien consensus et non compromis. Le consensus veut dire qu'on donne tous le même sens à la décision). Et si l'on n'obtient pas le consensus lors d'une rencontre, avant d'arbitrer, le dirigeant doit se demander quel est le degré d'urgence de cette décision. Peut-être tout simplement que le sujet n'est pas mûr. On peut alors proposer de continuer à mûrir la décision jusqu'à la prochaine rencontre.

Un autre enjeu est d'amener tous les équipiers à aller dans le même sens, autour de la décision, même après la contradiction et le frottement qu'on a en plus encouragés. La décision prise peut risquer de faire des déçus, certes. Pour autant, elle ne doit pas faire des perdants. Chacun doit pouvoir se dire : « *j'ai participé au débat, mon avis a été utile à la décision ou à sa mise en œuvre, on a entendu mes arguments, c'est notre décision collective* ». Quand les membres du codir reviennent au sein de leur équipe, aucun ne doit être tenté de dire « *on a perdu* ». C'est pourquoi, le dirigeant ou l'animateur doit soigner la formulation de la décision, en reprenant de façon synthétique tous les avis exprimés. On peut présenter la décision, évoquer les risques liés à cette décision soulignés par tel ou tel et montrer quelles dispositions sont prises pour limiter ce risque.

Par exemple : « Nous prenons donc la décision d'installer cette nouvelle machine dès le mois prochain pour augmenter notre capacité de production. Christelle soulignait à juste titre le fait que nous serons déjà entrés dans la période de forte production et qu'elle trouvait risqué de s'exposer aux aléas techniques d'une mise en service à cette période. Nous prenons donc une décision complémentaire qui nous sécurisera : souscrire à l'option d'assistance à l'installation et à la mise en service proposée par le constructeur. Ce n'est pas notre habitude. Cela coûte cher. Mais, en pareille circonstance, nous mettons toutes les chances de notre côté. »

Enfin, faut-il le rappeler, toute décision est assortie d'un responsable et d'un délai.

Préparer la mise en œuvre des décisions

Il a dû vous arriver déjà, comme à nous, d'avoir participé à une réunion et de ne plus savoir ce qui a été décidé ou de se rendre compte que les autres n'ont pas compris la même chose. Dommage ! Il est donc nécessaire, dans un codir qui décide, de formuler clairement la décision et d'autant plus si les échanges ont été abondants et le sujet complexe.

La manière la plus efficace de formuler la décision est d'en redonner le sens. Voici la décision et son pourquoi. Patrick Dargent, qui a été président de Réseau Entreprendre, est doté d'un esprit de synthèse formidable. Il a aussi ce talent de donner le sens des décisions qu'il reformule. Il n'y a pas mieux pour rendre la décision claire et surtout pour fédérer les énergies de ceux et celles qui la mettront en œuvre. Cela s'appelle le leadership ! Nous vous invitons à en faire ou refaire l'expérience chaque fois que l'occasion vous en est donnée.

Un point d'attention est aussi de veiller à ce que la formulation orale de la décision soit reprise exactement à l'écrit dans ce qu'on appelle un relevé de décisions. Les paroles passent, les écrits restent. Le rédacteur n'a pas le pouvoir de modifier une décision, donc sa formulation.

Préparer en codir la communication des décisions

Pour être mises en œuvre, les décisions prises en codir ont généralement besoin d'être communiquées. Pourtant, beaucoup de codir s'en tiennent à la prise de décision et négligent le travail sur la communication des décisions. C'est souvent ce qui complique la mise en œuvre et entame les résultats, même si la décision était bonne. Pourtant, rappelons qu'un codir n'est pas une chambre secrète. Et puisqu'un codir prend des décisions relevant de la direction générale, il est naturel que des décisions soient communiquées à tout ou partie de l'entreprise.

Un temps doit être systématiquement réservé en fin de codir ou après chaque décision prise à la préparation de la communication des décisions :

- Cette décision doit-elle être partagée au-delà du codir ?
- Si oui, à qui ? par qui ? de quelle manière ?

On peut d'ailleurs faire reformuler la décision par un ou deux membres du codir pour vérifier la compréhension. On peut alors avoir des surprises ! Mais c'est une occasion pour tous d'harmoniser la communication.

Pour certaines décisions un peu sensibles, à travers cet échange sur la communication des décisions, le dirigeant peut parfois réaliser que c'est à lui d'aller personnellement partager la décision auprès des équipes. La communication et la mise en œuvre des décisions occupent « l'après-codir ». Deux règles sont majeures : *solidarité* (dans la décision) et *homogénéité* (dans la communication).

Évaluer la performance du codir

Nous l'indiquions au début de ce chapitre 3, diriger avec un codir est un choix libre pour le dirigeant. C'est une bonne pratique qui s'est développée. C'est aussi un investissement conséquent. Voilà pourquoi le dirigeant doit être exigeant vis-à-vis de la performance du codir.

Le codir qui souhaite progresser dans son efficacité a intérêt à pratiquer l'auto-évaluation régulière. Celle-ci concerne le fonctionnement du codir et ses résultats en matière de contenus, de rythme, de durée des réunions, de qualité d'animation, de qualité des échanges, de qualité du processus de prise de décision, de soin apporté à la communication des décisions et à leur mise en œuvre.

C'est le dirigeant qui doit porter en premier l'ambition du codir et donc porter un regard critique sur son fonctionnement. Le faire ensemble amène chacun à se sentir acteur et responsable de l'efficacité du codir. Cela évite que chacun s'installe dans un simple rôle de participant et prémunit du syndrome du « bâton de maréchal ». Entrer au codir n'est pas une fin, c'est le commencement d'une aventure ! L'auto-évaluation annuelle est suffisante en régime de croisière. Elle peut être trimestrielle ou semestrielle en phase de mise en place ou de renouvellement important du codir. Le séminaire stratégique est souvent un bon moment pour consacrer 20 à 30 minutes à cet exercice.

Six questions à se poser pour la mobilisation de son premier cercle

Nous avons présenté un certain nombre de bonnes pratiques de composition et d'animation d'un codir, c'est-à-dire une instance réunie autour du dirigeant pour porter collégialement la direction de l'entreprise. La diversité des tailles d'entreprise, des niveaux de maturité de leur organisation et des profils des dirigeants fait que dans la réalité, on ne rencontre que des situations uniques et qu'entre « *je dirige seul* » et « *je dirige en impliquant mon premier cercle* », il existe une multitude de situations intermédiaires.

Vous dirigez une jeune entreprise de croissance et vous aspirez à diriger moins seul, ou bien vous animez déjà un codir et ressentez le besoin de revoir son fonctionnement ? Avant de vous jeter dans la mise en œuvre de ces bonnes pratiques, nous vous proposons quelques questions préalables.

Le voulez-vous vraiment et avec quelles attentes ?

Le codir répond au désir d'un exercice collégial de la direction de l'entreprise. Êtes-vous prêt à partager l'exercice du pouvoir ?

Ce que le dirigeant peut attendre du codir dépend grandement de son comportement et notamment de son rapport au pouvoir et à la prise de décision.

Voici de façon schématique, trois manières d'être dirigeant :
1. Vous considérez que les décisions de la direction générale relèvent de vous et de vous seul. Vous demandez essentiellement à vos collaborateurs directs de remplir leur propre mission.
2. Vous considérez que les décisions de la direction générale relèvent de vous et de vous seul. Toutefois, vous consultez facilement chacun de vos collaborateurs avant de prendre vos décisions.
3. Sans renoncer à votre responsabilité de dirigeant, vous aspirez à constituer une équipe dirigeante capable de construire collégialement les décisions relevant de la direction générale.

Type 1	*Type 2*	*Type 3*
o Rien… au-delà de ma seule dimension	o Nourrir mes décisions o Informer mes collaborateurs	o Nourrir mes décisions o Informer mes collaborateurs o Impliquer mes collaborateurs o Favoriser la contradiction et les rebonds dans la réflexion o Renforcer la dynamique collective

Figure 3.4 – Ce que je peux attendre de mon comité de direction

La situation dans laquelle vous vous reconnaîtrez peut dépendre de votre personnalité et/ou du contexte de votre entreprise. Quand nous questionnons les dirigeants à ce sujet, beaucoup, tout en se reconnaissant principalement dans une catégorie, expriment le fait que la manière de faire dépend du sujet. Par ailleurs, une majorité aspire à faire évoluer les pratiques pour diriger moins seul.

Un dirigeant de type 1 par conviction n'a rien à attendre d'un codir et aurait bien tort de s'y lancer.

Un dirigeant de type 2 nourrit ses décisions de l'avis de ses collaborateurs et leur manifeste sa confiance en les sollicitant.

Un dirigeant de type 3 implique encore plus pleinement ses collaborateurs. Il fait émerger des décisions plus robustes, fondées sur de vrais échanges et une exploration plus complète des tenants et aboutissants sur chacun des projets. En rendant ses équipiers pleinement acteurs, il renforce la dynamique collective : à 3, 5, 7... on va plus loin que la simple addition des forces de chacun. Pour l'entreprise, c'est aussi une manière de réduire le risque « personne-clé ».

Qu'avez-vous à gagner personnellement d'une direction générale collégiale ?

Outre les bénéfices pour l'entreprise, le dirigeant peut gagner du soutien pour lui-même, une meilleure connaissance de ses équipiers, de leur manière de réfléchir, de se comporter. Le dirigeant dont le premier cercle est entraîné à débattre et décider a aussi gagné de la confiance en son équipe et beaucoup de liberté pour lui-même. Il peut envisager plus sereinement ses propres absences de l'entreprise.

Une enquête du Lab Bbifrance d'octobre 2016, intitulée « Vaincre les solitudes du dirigeant » et menée auprès de dirigeants d'entreprises de toutes tailles, révèle que 74 % des dirigeants de PME et ETI ne se sentent pas vraiment entourés. 45 % se sentent même isolés. Pourtant, les dirigeants interrogés reconnaissent que la solitude peut être combattue en mettant en place des organes de gouvernance pour créer un collectif et éclairer la décision. Parmi les variables qui influencent le plus le sentiment d'isolement, la mise en place d'un comité de direction apparaît comme le second facteur le plus réducteur de la solitude (après les résultats fortement bénéficiaires !).

Enfin, si vous êtes entrepreneur et que vous commencez à songer à la transmission, ayez en tête que la valorisation de votre entreprise va dépendre de son degré de dépendance à vous. La qualité de l'équipe dirigeante qui vous entoure fait partie des actifs immatériels de l'entreprise et sera évaluée par les acquéreurs potentiels et leurs conseils. Une entreprise dont le dirigeant est omnipotent perd beaucoup de sa valeur lorsque celui-ci la quitte. Préparer son départ implique de préparer son équipe. Faire fonctionner un codir ne répond pas à un simple décret. Un codir se construit. C'est un travail d'éducation qui peut prendre plusieurs années. Avis aux futurs transmetteurs !

Qu'avez-vous à perdre avec une direction générale collégiale ?

Seul, on va plus vite dit-on. Si vous avez pris l'habitude de décider vite, soyez conscient que pour respecter le codir et être cohérent, vous devrez attendre les rencontres prévues pour que les décisions soient prises. Mais au fond, les décisions relevant de la direction générale sont-elles à ce point urgentes (hors période de crise bien sûr) ? Et ce que vous gagnerez en qualité de décision et implication de l'équipe peut largement justifier un peu moins de réactivité. Ensemble, on va plus loin.

Peut-on craindre de perdre du pouvoir ? L'existence d'un codir n'enlève rien à la responsabilité du dirigeant exécutif. Au nom de cette responsabilité, le dirigeant reste en situation d'arbitrer quand le consensus ne peut naître au sein du codir. Le dirigeant ne perd pas le pouvoir, mais c'est le mode d'exercice de son pouvoir qui est modifié, ce qui peut nécessiter pour certains un travail sur soi.

Est-ce le moment de mettre en place un codir ?

Certains considèrent que la mise en place d'un codir dépend de la taille de l'entreprise. Oui et non. Quand l'entreprise se développe, deux phénomènes concourent à la création d'un codir.

Il y a d'abord le constat de bugs dans l'organisation de l'entreprise : des informations qui circulent mal, des ratés dans la coordination, des retards dans les prises de décision, des tensions etc. Ce qui était possible avant ne fonctionne plus, comme si avec la croissance, l'organisation était grippée. Le dirigeant réalise qu'il manque une pièce dans l'organisation. Son premier cercle s'est étoffé. C'est celui-ci qui doit se coordonner. Le deuxième phénomène vient converger avec le premier, c'est une prise de conscience grandissante chez le dirigeant de l'entreprise en développement, d'une pression sur lui-même qui va croissant. Jusqu'où ? Il se rend compte qu'il en porte trop sur ses seules épaules. Il se sent désormais vulnérable ainsi que – par conséquence – son entreprise.

C'est la conjugaison de ces deux phénomènes qui conduit le dirigeant à constituer et animer son premier cercle. Soulignons que cette initiative suppose une bonne confiance en soi. Il faut être solide intérieurement pour s'exposer à la contradiction !

Avez-vous les bons profils autour de vous ?

Participer au codir implique de se comporter comme membre d'une équipe dirigeante. Cela suppose une capacité à regarder et comprendre l'entreprise de manière globale, à aller au-delà de son regard de spécialiste, à rechercher d'abord l'intérêt général.

Peut-être que bien qu'étant désireux d'impliquer plus et mieux votre premier cercle, vous doutez de la capacité de vos équipiers à entrer dans cette attitude pour des raisons de culture générale par exemple. Vous les voyez comme d'excellents professionnels, chacun dans sa spécialité et les respectez pleinement. Mais il vous est difficile de vous projeter avec eux dans une direction collégiale.

Ces situations sont fréquentes dans les TPE et PME de taille modeste. Peut-être que vos équipiers n'ont pas la capacité de constituer d'emblée une équipe dirigeante. Mais, il est fort probable qu'ils soient des serviteurs dévoués de l'entreprise, qu'ils aspirent à contribuer plus, qu'ils aspirent à être plus proches de vous, qu'ils aient envie d'apprendre de nouvelles choses… (Si ce n'est pas le cas, vous avez des questions à vous poser).

Pensez alors que la montée en puissance d'une équipe de direction peut se faire par paliers. Vous pouvez commencer par la réunir pour partager et commenter l'information, comme vous le faites peut-être déjà en tête-à-tête avec quelques-uns. C'est une bonne manière d'élargir les regards, de favoriser le dialogue et la compréhension mutuelle entre services, entre personnes.

Après quelque temps, vous découvrirez que, spontanément, le groupe a pris des décisions de manière collégiale. Au départ, ces décisions relèvent plus d'une simple coordination opérationnelle et sont bien loin de la stratégie. Elles traduisent cependant une capacité à s'exprimer en groupe et à s'écouter, et font progresser l'entreprise.

Peut-être alors que ces premières marches auront fait progresser vos équipiers dans la compréhension de l'entreprise, des grands enjeux, de votre mission à vous DG et de ses difficultés spécifiques. Et qu'ils pourront s'impliquer dans la construction des décisions qui relèvent de la direction générale.

Quelle pérennité pour les premiers membres d'un codir ?

Les entreprises jeunes et les entreprises en croissance rencontrent des difficultés spécifiques pour la composition du codir et son évolution. Les premiers collaborateurs de l'entrepreneur, ceux de la première heure, ne resteront pas forcément tous dans le premier cercle quand l'entreprise se développera. Par exemple, si l'on a eu l'idée au début d'impliquer le comptable dans le codir pour gagner du temps et qu'un jour on recrute un DAF, cela va être compliqué pour le dirigeant de lui demander et douloureux pour le comptable de céder sa place. Certes, le dirigeant n'a pas vocation à aplanir toutes les frustrations. Voici cependant deux suggestions pour prévenir ou adoucir ces difficultés :

- on peut toujours distinguer des membres permanents et des membres invités ;
- on peut donner un « mandat » à durée déterminée aux membres du codir, (voire au codir en tant que tel) en expliquant que les besoins

de l'entreprise vont évoluer en fonction de ses stades de développement successifs. En étant au clair sur une composition évolutive du codir dès sa constitution, on évite le syndrome « bâton de maréchal ». Participer au codir n'est pas une récompense. C'est un service rendu à l'entreprise au moment où elle en a besoin.

Rédiger la charte du codir

Vous avez maintenant les clés pour choisir ou non de diriger en impliquant votre premier cercle. Si vous êtes conscient de ce que l'entreprise, vous-même et vos collaborateurs directs peuvent y gagner et que vous voulez mettre en œuvre ou renouveler cette instance, il peut être pertinent de rédiger une charte de fonctionnement en reprenant par exemple :

- introduction : pourquoi vous choisissez de vivre la direction générale de façon collégiale à travers cette instance ;
- la mission de cette instance ;
- sa composition ;
- quelques repères sur son organisation : construction d'un programme de travail / auto-évaluation annuelle ;
- les engagements pris par chacun des membres : comportements / postures, respect des règles ;
- etc.

***

En vivant la direction de l'entreprise de façon collégiale, vous manifestez de la confiance à vos collaborateurs et ils le vivent comme tel. C'est déjà un enjeu majeur pour tout dirigeant de donner sa confiance, car c'est aussi prendre le risque de l'autre. Mobiliser son premier cercle est un moyen de rompre l'isolement du dirigeant.

Voilà pourquoi nous disons : « L'isolement du dirigeant ? Surtout s'il le veut bien ! » Mais la mobilisation de son premier cercle pour un dirigeant ne répond pas seulement à la question de son isolement que certains d'ailleurs assument. Il en va surtout de la pérennité et du développement de l'entreprise. Il ne suffit pas toutefois de mettre en place la bonne organisation. Le cadre posé pour interagir avec les autres ne fait pas tout. Reste à y vivre, donc bâtir des relations constructives.

Chapitre 4
Bâtir des relations constructives

Executive summary

- La capacité à bâtir des relations constructives est un atout majeur pour réussir comme leader. Et à l'inverse, le handicap dans le domaine relationnel bride le potentiel du dirigeant, de ses équipes et donc de l'entreprise.
- Bâtir des relations constructives est un art. Comme tout chemin, il commence par les premiers pas. Nous proposons cinq premiers pas pour bâtir des relations constructives avec vous-même et avec les autres :
  - choisir ses croyances, parce que ce que je crois façonne ma vie ;
  - choisir ses mots, parce que la façon dont je me parle construit ma vie ;
  - le filtre magique, pour entendre et recevoir la critique sans me laisser blesser ;
  - apprendre à dire non... et pas toujours à moi !
  - donner et recevoir du feedback : la puissance de la vulnérabilité au cœur du feedback.

Choisir ses croyances

« Ce que je crois façonne ma vie. »

Nos croyances sont puissantes et savoir les identifier est un atout de taille. En effet, notre inconscient nous amène à adopter des comportements de manière à leur donner raison. Si je crois que *la vie est dure*, je vais cristalliser dans ma vie tout ce qui est difficile et lourd et je l'estimerai normal. Alors que si je crois que *la vie est une aventure qui mérite d'être vécue à plein*, lorsque je serai confronté à une difficulté, je m'efforcerai de la contourner, d'en diminuer ses effets.

Récits d'expérience

***Olivier**, 34 ans, DG adjoint dans un hypermarché, a grandi auprès de parents commerçants aux revenus modestes, prenant très peu de vacances. Toute son enfance, il les a vus faire des sacrifices et a fait sienne leur croyance : « Si tu veux t'en sortir dans la vie, il ne faut pas compter ta peine ». Aujourd'hui, il a 1 h 30 de trajet pour se rendre au travail et autant pour rentrer chez lui le soir. Cette situation n'est pas une fatalité, mais l'impact de sa croyance.*

*Qu'elles proviennent d'un héritage familial ou d'une expérience personnelle, les croyances influent sur nos décisions. Ainsi, **Pierre**, après 3 licenciements en 6 ans, a pris conscience à 39 ans qu'il s'en voulait car il rêvait de créer son entreprise, sans s'être jamais lancé. Sa croyance, héritée de l'histoire de son père, trahi par un ami, était qu'on ne peut faire confiance à personne, pas même à son meilleur ami. Il se trouvait alors seul et méfiant, condition peu propice à la création d'entreprise.*

Denis, *dirigeant d'une entreprise familiale dans le domaine de la métallurgie, vit un burn out. Interrogé sur sa manière d'envisager la vie, un poème de Lamartine*[20] *lui vient spontanément :*
« Rien n'est vrai, rien n'est faux ; tout est songe et mensonge,
Illusion du cœur qu'un vaste espoir prolonge.
Nos seules vérités, homme, sont nos douleurs. »
Ainsi, pour Denis, tout ce qui n'est pas douleur est faux ou illusion. Il engage alors un travail sur lui-même pour transformer cette croyance et réussit finalement à la réorienter :
« Il y a de la souffrance dans la vie. Il y a aussi de beaux moments, bien réels eux aussi. »
Peu de temps après, Denis est sorti de son burn-out et a réorganisé sa vie sur des bases propices à l'épanouissement. Son énergie s'oriente désormais vers la recherche de situations positives et agréables.

Ce qui est vrai des croyances limitantes pour les personnes l'est aussi pour les groupes tels que les entreprises. De fait, des croyances peuvent s'ancrer dans l'inconscient collectif de l'entreprise. Par exemple, si une expérience de croissance externe menée par votre entreprise s'est avérée une catastrophe, le risque est d'en déduire une généralité et une croyance limitante : « *la croissance externe est une voie de développement trop dangereuse* ». L'entreprise ne tentera plus jamais l'expérience, passant peut-être à côté de belles opportunités.

Toutefois, si nous portons en nous des croyances limitantes à transformer, nous portons aussi, bienheureusement, des croyances épanouissantes que nous avons grand intérêt à identifier pour les renforcer. Les croyances ne sont pas figées, elles peuvent même être choisies.

20. LAMARTINE (de) A., « Le tombeau d'un mère », *Harmonies poétiques et religieuses*, III, 1830.

Atelier – Choisir ses croyances

Mettez par écrit toutes les métaphores et croyances qui vous viennent à l'esprit à propos de la vie, de vous, du travail, de la réussite, de l'argent, de la famille, etc. Puis mesurez l'impact de chacune d'elles sur vous et classez-les en deux catégories :

Croyances épanouissantes	Croyances limitantes

Relevez vos croyances épanouissantes et mettez-les en valeur d'une manière à vous y reconnecter le plus fréquemment possible.
Pour les autres, – les limitantes –, traitez-les l'une après l'autre : atténuez leur impact en changeant, en enlevant ou en ajoutant un mot. Puis vérifiez que vous êtes en accord avec cette nouvelle formulation, qu'elle vous incite à passer à l'action et qu'elle vous rapproche de vos objectifs.

Choisir ses mots

« La façon dont je me parle construit ma vie. »

Des dirigeants ploient sous les injonctions, sous les to-do list et commencent leurs journées écrasées par tout ce qu'ils ont à faire : « *Il faut que* », « *je dois* »... L'idée d'avoir des journées préremplies peut devenir insupportable, comme si on ne s'appartenait pas. Pour retrouver l'élan et la motivation, il peut suffire de transformer la manière de se parler. Lorsque vous avez des choses à faire, comment l'exprimez-vous ?

Atelier– Choisir ses mots pour installer un nouveau comportement

1. Sur une feuille de papier tirez un trait vertical de manière à créer deux colonnes. Dans l'une d'elles, listez ce que vous avez à faire par des phrases courtes : sujet + verbe + complément (ex. « *Je dois préparer mon prochain comité de direction* » ; « *Il faut que je téléphone au banquier* »). Prenez le temps de lister au moins 7 actions. Lisez cette liste ainsi construite à voix basse et mesurez son impact sur vous.

2. Puis, demandez-vous, pour chacune de ces actions, ce qui se passerait si vous ne faisiez pas ce que vous avez noté.

Ex. « *Que se passerait-il si je ne préparais pas mon prochain codir ?* »

- La réunion sera moins productive ;
- Nous n'allons pas être mûrs pour prendre des décisions sur tel ou tel projet ;
- Je vais discréditer la place du codir dans notre organisation ;
- Je vais perdre mon temps et faire perdre du temps aux autres membres.

« *Que se passerait-il si je n'appelais pas mon banquier ?* »

- Cela fragiliserait la confiance du banquier à mon égard ;
- Je perdrais des chances d'obtenir l'autorisation de découvert et cela mettrait la trésorerie de l'entreprise en difficulté.

Vous mettez ainsi en évidence son enjeu et le sens que vous donnez à cette action. Si vous pensez que vous n'avez pas le choix, c'est sans doute parce que vous avez déjà fait le meilleur choix, même s'il est coûteux ou très engageant. Finalement, pour chacune de ces actions, que décidez-vous, que choisissez-vous, que voulez-vous ?

3. Retranscrivez dans la seconde colonne ces mêmes actions formulées en une phrase courte avec un verbe qui atteste, cette fois, votre liberté : vouloir, choisir, décider. Et situez cette action dans le temps. (ex. « *Je décide de préparer mon prochain codir et je le fais demain en fin de matinée* » ; « *je choisis d'appeler mon banquier cet après-midi* »).

Variante dans la formulation dans les cas où l'action est très coûteuse ou engageante : formuler d'abord l'enjeu puis l'action (ex. « *Pour optimiser mes chances d'obtenir une autorisation de découvert et sécuriser notre trésorerie, je choisis d'appeler mon banquier cet après-midi* »).

• • •

• • •

4. Lisez cette autre colonne avec les 7 actions ainsi formulées et mesurez leur impact. Comparez-le à celui de la première colonne. Que retenez-vous ?

Ce que je dois faire	Que se passerait-il si je ne le faisais pas ?
Je dois... Il faut que je... Il faudrait que...	Je choisis de... Je décide de... Je veux...

Inspiré de la tyrannie mentale des obligations de Jean Monbourquette, Myrna Ladouceur et Isabelle d'Aspremont.

Et si vous remplaciez les « *il faut* » et les « *je dois* » par des « *je choisis* », « *je décide* », « *je veux* » dans votre manière de vous parler ? Il est fort possible que la manière usuelle de vous parler, souvent formulée en obligation (*« il faut » ; « je dois »)* revienne naturellement. Dans ce cas, dès que vous en prendrez conscience, reformulez aussitôt en « *Je décide / je choisis / je veux* ».

Comment installer ce nouveau comportement ? Quand on a pris conscience de l'intérêt d'un nouveau comportement et qu'on a choisi de l'installer, on peut s'attendre à des embûches. « Chassez le naturel, il revient au galop ». Les automatismes nous font retomber dans l'ornière. Il est peu naturel et parfois coûteux d'en sortir. Ce qui est naturel c'est d'y rester. C'est à force de répétition qu'on installe le comportement désiré.

En sortir suppose :

- d'être conscient et attentif à soi ;
- d'être bienveillant avec soi en acceptant la réalité du moment quand on retombe dans l'ornière ;
- de choisir à nouveau le comportement désiré ;
- de persévérer.

Relisez l'ensemble des items formulés dans la colonne de droite avec la formulation qui atteste de votre liberté. Comment vous sentez-vous ?

Le filtre magique

« Entendre et recevoir la critique sans se laisser blesser. »

Le métier de dirigeant, comme toute activité qui engage, expose à la critique. Celle-ci peut avoir plusieurs origines : proches collaborateurs, actionnaires, administrateurs, clients, partenaires, etc.

Face à la critique, le dirigeant a deux écueils à éviter. Le premier est d'y accorder un crédit démesuré. Par exemple, en considérant la critique comme vérité au lieu de la considérer comme une opinion donnée à un instant *t* par une personne ou un groupe de personnes et dans un contexte spécifique. Une telle perméabilité blesse celui qui reçoit la critique et entame la relation avec son émetteur.

Le second écueil est, à l'opposé, d'être hermétique à la critique, de ne pas vouloir l'entendre, ni la recevoir sous prétexte qu'elle est désagréable ou qu'elle fait mal. Le risque est alors de s'isoler.

Récit d'expérience

Céline, CEO d'une entreprise de logistique, a su éviter ces deux écueils le jour où le président du conseil d'administration lui a affirmé : « Tu t'y es mal prise dans la gestion de ce projet d'acquisition ».

Céline a identifié cette phrase du président comme blessante, elle lui a fait l'effet d'un coup dans l'estomac. Mais elle a su activer ce que nous appelons son « filtre magique ». Celui-ci laisse passer le message utile et bloque l'offense, le « piquant ». Le message accueilli par Céline est : « Mon président pense que je m'y suis mal prise dans la gestion de ce projet d'acquisition. Il s'y serait pris d'une autre façon ». Le piquant que le filtre bloque est : « Mon président me juge incompétente ». Le « bon » qui a traversé son filtre magique conduit Céline à un recueil d'informations auprès de son président : « qu'est-ce que je n'ai pas bien fait en particulier ? Qu'aurais-tu fait à ma place ? ». Si Céline s'était laissé blesser, elle aurait couru le risque de se replier sur elle-même, de perdre confiance en elle ou de surenchérir dans la confrontation. En se protégeant avec le filtre magique, Céline gagne une occasion de progresser et renforce sa relation avec son président.

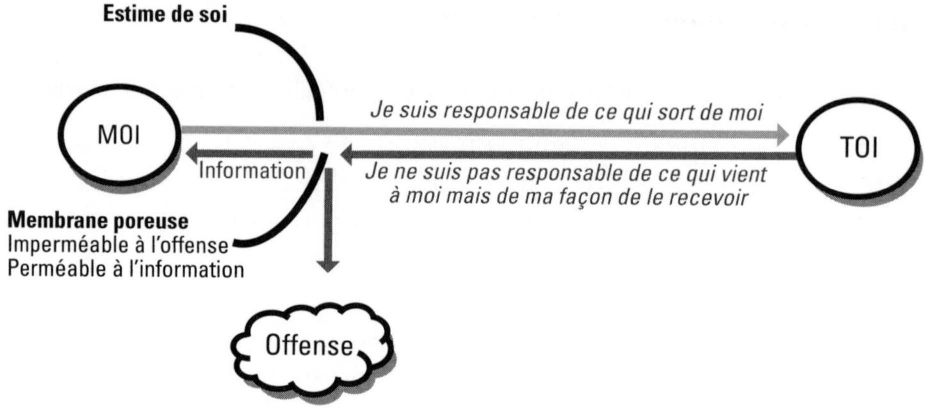

Figure 4.1 – Le filtre magique :
« Je ne te laisse pas le pouvoir de me blesser »

Nous pouvons apprendre à interagir et gérer nos pensées de manière à nous sentir capable de dire à chacun de nos interlocuteurs ainsi que le disait Jean Monbourquette : « *sois tranquille, tu n'as pas le pouvoir de me blesser* ». Le penser et l'exprimer n'est pas à prendre comme un signe de supériorité morale qui diminuerait l'autre, mais plutôt comme celui de l'entière responsabilité que nous prenons dans la relation avec les autres. Cela nous amène à développer notre niveau de conscience, de présence et à nous concentrer sur notre zone d'influence.

Apprendre à dire « non »

« Dire non… oui, mais pas toujours à moi ! »

Le métier de dirigeant expose à devoir dire non à des demandes. Nous avons rencontré peu de dirigeants qui aiment dire non à leurs collaborateurs, clients, actionnaires, fournisseurs, partenaires, etc.

Cela peut conduire à le faire de manière tranchée, brutale, avec le risque d'abîmer la relation. Bienheureux le dirigeant qui sait dire non à une demande et maintenir, voire renforcer la relation avec son émetteur !

Voici quelques principes de base pour apprendre à dire « non » :

1. Distinguez la réception de la demande et la réponse à celle-ci.
2. Pour répondre librement à une demande, ménagez un temps de réflexion. Plus la réponse est engageante, plus ce temps peut être long.
3. Validez avec votre interlocuteur le délai de réponse.
4. Si votre réponse est non, appliquez la méthode sandwich (en trois étapes) :

Ex. *La tranche de pain de mie bien moelleuse, beurrée à souhait.*

→ Je reformule la demande textuellement et manifeste l'attention portée à mon interlocuteur.

La tranche de rôti de porc froid. → J'oppose mon non à la demande. Cette opposition est sobre et claire. Le demandeur ne doit pas se sentir rejeté. C'est sa demande qui est rejetée.

La seconde tranche bien moelleuse de pain de mie, agrémentée de salade et cornichons. → Je fais une proposition alternative et j'ouvre l'avenir.

Récit d'expérience

Alain, CEO, d'une PME de distribution de matériel agricole se voit demander par le président de lui fournir dans un délai de 8 jours un rapport sur le dernier salon professionnel incluant ses réflexions sur la situation concurrentielle. Au vu de son agenda, Alain estime que le délai donné est trop court compte-tenu de ses priorités. Il a deux options : la première est de répondre favorablement à la demande de son président, avec le souci de ne pas le décevoir, d'autant plus qu'il est le président ! Dans ce cas, c'est à lui-même qu'il dira non et se mettra en porte-à-faux par rapport à sa mission de dirigeant et aux priorités qu'il se donne. La seconde est de s'affirmer et d'opposer un non clair et courtois à la demande.

Après avoir pris le temps de la réflexion, Alain choisit la deuxième option et développe la méthode sandwich :

« Tu souhaites que je te remette pour lundi prochain un rapport sur le dernier salon professionnel incluant mes réflexions sur la situation concurrentielle. Je comprends l'intérêt que cela aurait pour toi. C'est vrai que nous voulons renforcer notre veille de concurrence.
Pour autant, je ne te remettrai pas ce rapport lundi car, d'ici lundi, en vue du codir, je veux travailler de façon approfondie sur les propositions de la DRH et la nouvelle grille des rémunérations. (Il indique la raison la plus profonde qui l'amène à dire non avec authenticité, sincérité. C'est ce qui va donner du poids à sa réponse et à sa personne. Éviter les listes de justifications qui apparaissent comme des prétextes et ont comme effet de mécontenter le demandeur).
Je te propose de te le fournir jeudi. Est-ce que cela te convient ? J'ai vraiment à cœur de partager mes réflexions et d'échanger avec toi. »

Donner et recevoir du feedback

« La puissance de la vulnérabilité au cœur du feedback. »

Dans les entreprises, il est fréquent que les collaborateurs souffrent davantage d'un défaut que d'un excès de feedback. L'absence de feedback est vécue comme de l'indifférence (vis-à-vis de son travail, indifférence quant à ses résultats) au point que cela peut conduire certains à croire qu'il s'agit d'indifférence envers eux-mêmes ! « *Je ne compte pas* » ou « *c'est comme si je n'existais pas* ». Et ce, quand bien même la cause de cette privation est ailleurs : manque de temps, méconnaissance de l'impact des feedbacks de la part des dirigeants et des managers, manque de savoir-faire ou encore postulat que ce qui est bien est normal et ne mérite donc pas d'être relevé. On peut le comprendre, mais cela signe un manque de connaissance de la psychologie humaine et des leviers de motivation ou d'apprentissage.

Certains dirigeants craignent aussi de s'exposer par des feedbacks de satisfaction répétés à des demandes d'augmentation ou d'avantages de la part de leurs collaborateurs. Certes, la rémunération est un signe de reconnaissance. Le feedback en est un autre, de même que les conditions de travail, la qualité des relations dans l'entreprise, le sens donné à l'action. En entreprise, on privilégie les feedbacks portant sur l'agir.

Le pourquoi du feedback est donc clair : c'est un facteur bénéfique pour l'amélioration des performances et la motivation des personnes. Toutefois, comment s'y prendre pour le réussir ? Voici quelques règles simples pour partager des feedbacks :

> Un feedback de satisfaction est un levier de motivation. Un feedback d'amélioration est un levier d'apprentissage. Le feedback peut porter sur l'être et sur l'agir.

- *Créer les bonnes conditions :* seul avec la personne concernée et si possible en présentiel ;
- *Choisir le bon moment :* avoir un peu de temps devant soi, être tranquille (autrement dit, pas « entre deux portes ») ;
- *Traiter d'une situation précise, circonscrite.*

Tableau 4.1 – Outil pour donner des feedbacks

	FEEDBACK DE SATISFACTION	FEEDBACK D'AMÉLIORATION
Concerne	Ce qui a été bien dit ou bien fait En quoi cela a été bien dit ou bien fait	Ce qui n'a pas été bien dit ou bien fait En quoi cela n'a pas été bien dit ou bien fait Qu'est-ce qui aurait pu être dit ou fait
Exemple de formulation	Ce que j'ai apprécié, c'est.... [sur l'agir].	Je reconnais que... [quelque chose de positif sur l'agir]. Je n'apprécie pas.... Si la prochaine fois tu disais / faisais [ceci ou cela...], tu pourrais... [résultat attendu].
Effet	Motivation	Apprentissage

Pour que l'usage des feedbacks soit pleinement constructif avec un collaborateur, il convient de savoir quelle est votre intention à son égard : si c'est une intention de motivation, recherchez toutes les occasions de donner des feedbacks de satisfaction. Si votre intention est de permettre l'apprentissage permanent, utilisez le feedback d'amélioration. Attention, le ratio est important : nous recommandons, un ratio de trois à cinq feedbacks de satisfaction pour un feedback d'amélioration.

Pendant le confinement et le début du déconfinement liés à la Covid-19, beaucoup de salariés ont fait preuve d'engagement et ont délivré un travail de qualité en autonomie, sans contrôle des horaires ni des tâches. Les dirigeants et managers qui ont adressé des feedbacks de satisfaction ont saisi une bonne opportunité de renforcer l'engagement et l'esprit d'appartenance.

Demander et recevoir un feedback suppose d'accepter sa vulnérabilité. En nous partageant un feedback, notre interlocuteur va exercer une forme de pouvoir. Il exprime son avis sur un sujet précis qui nous concerne. Il indique jusqu'à quel point notre flèche a atteint la cible. Ce feedback va nous toucher positivement ou négativement dans un premier temps. En toute situation, il peut devenir un outil constructif. C'est pourquoi il est bon de remercier après avoir reçu un feedback.

Rendre compte pour se rendre compte[21]

Nombreux pourtant sont les dirigeants qui ne reçoivent pas de feedback sur leur action. C'est souvent le cas des entrepreneurs qui cumulent les fonctions de directeur général, de président du conseil d'administration (trop souvent tenu « sur le papier ») et d'actionnaire. Se priver de feedbacks est pourtant regrettable, voire dangereux, pour le dirigeant et pour l'entreprise. Rendre compte de son action à un conseil d'administration et demander un feedback régulier de la part de celui-ci sont des moyens très vertueux pour progresser. Le dirigeant peut aussi demander des feedbacks réguliers et structurés à ses équipiers.

21. Selon la formule d'Antoine Mayaud, membre de l'Association Familiale Mulliez et expert en gouvernance des entreprises familiales.

Chapitre 5
Faire des choix managériaux clairs

Executive summary

- Les conditions de l'engagement au sein de tout groupe humain répondent à des besoins fondamentaux des femmes et des hommes.
- La manière de répondre à ces besoins fondamentaux évolue dans l'histoire. Les modes d'organisation sont le reflet des évolutions du monde, comme le met en lumière Frédéric Laloux.
- Notre époque nous fait vivre des changements culturels considérables et récemment accélérés. De nouvelles formes d'organisation sont apparues, fondées – non plus sur le principe de la délégation – mais sur celui de la subsidiarité.
- Nous proposons une grille d'analyse, inspirée des travaux de Vincent Moncorgé[22], permettant d'évaluer et renforcer le potentiel collaboratif de son entreprise.
- Face à ces changements du monde, une palette de choix possibles en matière d'organisation et de culture managériale s'offre au dirigeant. On attend de lui qu'il se détermine et s'engage concrètement dans une voie.

22. Vincent Moncorgé, directeur exécutif de MCG Opportunities, entreprise spécialisée dans le conseil en croissance externe qui accompagne les entreprises dans l'amélioration de leur performance.

La culture managériale est un domaine que le dirigeant peut tout particulièrement orienter. Et en même temps, les changements du monde, les changements culturels de nos sociétés sont si importants qu'ils induisent des bouleversements – ou au moins de grandes aspirations au changement – dans la manière de travailler et vivre l'entreprise.

Certains modèles d'organisations et de managements[23] fondés sur plus de liberté et plus de responsabilité ne sont pas une évolution, mais une révolution. Ils constituent des changements de paradigme, tels que les décrit Frédéric Laloux[24] dans *Reinventing Organizations*. Ces modèles sont bâtis sur le principe de la *subsidiarité* et non plus sur celui de la *délégation*. Ils traduisent un changement radical de la relation au pouvoir au sein de l'entreprise, a fortiori pour les dirigeants.

Avoir conscience de sa mission de dirigeant et s'y concentrer, appréhender avec plus de clarté son terrain de jeu, organiser son écosystème pour interagir de la façon la plus efficiente avec les parties prenantes, mettre l'entreprise en mouvement à travers un projet enthousiasmant et partagé, telles sont les figures imposées du métier de dirigeant et qui forment en soi un programme passionnant. Faire évoluer le modèle organisationnel et managérial est l'un des actes les plus engageants pour un dirigeant. C'est pourquoi il ne s'agit pas de se demander si on veut ou non suivre un mouvement mais plutôt, en premier lieu, de réfléchir à sa propre vision du monde, de l'humain et de l'économie, puis de poser ensuite des choix clairs et lisibles par tous.

---

23. Modèles sur lesquels se construisent par exemple les « entreprises libérées », selon le terme proposé par Isaac Getz dans un article universitaire de 2009 intitulé « Liberating Leadership : How the initiative-freeing radical organizational has been successfully adopted », publié dans *California Management Review*.

24. Laloux F., *Reinventing Organizations. Vers des communautés de travail inspirées*, Trad. par Blanchard P., Diateino Eds, 2015.

Ce chemin que vous avez sans doute déjà initié, est long et ne sera probablement jamais terminé. Comment s'y prendre pour que ce que vous aimez faire, vous, c'est-à-dire entreprendre, utiliser et valoriser vos compétences, les mettre au service d'un projet qui en vaut la peine, s'investir avec d'autres dans des projets et s'épanouir, soit envisageable et accessible pour chacun de vos collaborateurs ?

Les conditions de l'engagement dans l'entreprise

TAeAtelier – À partir de votre expérience, identifier rapidement les conditions de l'engagement

Pensez à un projet collectif dans lequel vous vous êtes particulièrement investi (professionnel ou personnel). Notez toutes les raisons qui vous ont poussé à vous y investir.
Regroupez vos idées par catégories. Désignez chaque catégorie.

> Avant d'être un dirigeant, vous êtes une personne : que voulez-vous offrir de vous-même à l'entreprise et à ses acteurs ? Comment nourrir votre action de dirigeant de vos motivations intrinsèques et de vos convictions profondes ? Quel supplément d'âme allez-vous oser déployer pour emmener celles et ceux avec qui vous êtes embarqué ?

Il est probable que vous ayez identifié avec ces catégories les principaux ressorts de l'engagement : le projet avait du sens pour vous, il était utile, il représentait de la nouveauté, vous pouviez y exprimer vos compétences ou en acquérir de nouvelles, vous éprouviez du plaisir à être et à faire avec d'autres, il y avait un défi à relever, vous pouviez observer des résultats, etc.

Ces ressorts étaient tout à fait en lien avec vos besoins profonds: besoin de sens, besoin de se sentir utile, besoin d'appartenance, besoin de reconnaissance. Vos collaborateurs connaissent les mêmes besoins et ressorts. Il n'y a rien d'autre à considérer. À vous de définir comment vous allez leur permettre d'y répondre. Quelle manière d'être et d'agir *singulière* allez-vous apporter par votre personne à votre entreprise, au-delà de l'organisation et du projet dont vous l'avez dotée, que vous soyez entrepreneur ou dirigeant salarié ?

Les dirigeants qui se posent ces questions et s'affirment en y répondant se comportent en leaders inspirants, en capacité d'orienter et de guider. Ce sont aussi ceux-là qui, en acceptant de se confronter aux questions précédentes, font des choix audacieux de management, de gouvernance et plus globalement, de modèle respectueux de l'humain et de la nature pour leur entreprise. Ils sont celles et ceux qui, les premiers, adaptent l'entreprise aux aspirations des individus.

Les modèles d'organisation, reflets des évolutions du monde

L'humanité évolue par étapes. À chaque nouvelle étape de développement de la conscience humaine la manière de vivre et de travailler les uns avec les autres évolue, et un nouveau modèle d'organisation apparaît.

Notre époque, marquée par l'explosion des technologies et la transition numérique, nous fait vivre des changements culturels considérables qui remettent en cause les codes de l'organisation et du management dans les entreprises. Les organisations en silos sont questionnées pour laisser place à la transversalité. Le management *top-down* est supplanté par des modes de travail plus collaboratifs. Alors que certaines entreprises matures et traditionnelles tentent de se « libérer », des start-up naissent d'emblée « libres ».

Face à ces changements, le dirigeant découvre toute une palette de choix possibles en matière d'organisation et de culture managériale. On attend de lui qu'il se détermine et s'engage concrètement dans une voie. Est-ce que les nouveaux modes de management disqualifient les pratiques traditionnelles ? Ou bien sont-ils amenés à cohabiter au gré des contextes et des sujets à adresser ? Les changements à conduire sont-ils motivés par la recherche d'une plus grande performance ?

par des convictions concernant la nature humaine et les leviers de la motivation ? par la volonté de rendre l'entreprise attrayante pour les générations qui entrent sur le marché ? par des critères éthiques ?

Frédéric Laloux a réalisé une synthèse personnelle très intéressante de la Théorie intégrale[25] qui analyse les grandes étapes de développement de l'être humain et du monde (*cf.* travaux de Wade, Wilber, Clare Graves notamment). Il désigne chaque stade de développement par un nom et une couleur et en donne les principales caractéristiques[26]. Nous détaillons ci-après les 3 derniers stades (ou paradigmes) présentés qui sont aussi les plus récemment apparus dans l'histoire de l'humanité et des entreprises.

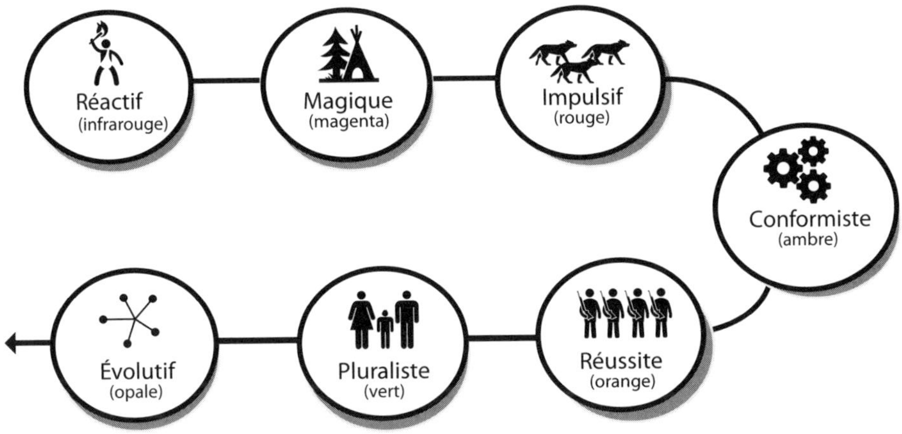

Figure 5.1 – Les 7 niveaux de développement de la conscience humaine

25. La théorie intégrale est une conception du monde et de l'évolution de la conscience humaine. Elle cherche à donner une vue d'ensemble de l'être humain et du monde, en intégrant les pensées de l'Orient, de l'Occident ainsi que les connaissances spirituelles et scientifiques. Elle considère que la conscience humaine évolue en passant par des stades successifs de maturation et que ces stades sont dans leurs grandes lignes les mêmes pour toutes les sociétés humaines et que le développement des sociétés se reflète dans celui des individus.

26. Pour en savoir plus sur ces 7 stades de développement de l'histoire de l'humanité et ce qui caractérise chacun d'eux sur le plan des organisations : *cf.* Laloux F., *ibid*, pp. 35-67.

- **Le paradigme Orange dit « de la Réussite »** est clairement dominant aujourd'hui dans le monde de l'entreprise. Il est orienté croissance et profit. L'innovation apparaît comme la solution pour tirer son épingle du jeu dans la compétition. Le management repose sur la délégation, la définition d'objectifs et le contrôle. Les mots-clés sont innovation, responsabilité et méritocratie. La métaphore pour le décrire est « une mécanique » : on parle souvent de ces organisations comme de « machines de guerre ».
- **Le paradigme Vert dit « Pluraliste »** s'inscrit encore dans une pyramide hiérarchique classique. On se préoccupe fortement de la motivation des salariés en promouvant leur autonomie et en renforçant une culture des entreprises centrée sur les valeurs. Les mots-clés sont autonomisation, culture centrée sur les valeurs et prise en compte des parties prenantes. La métaphore pour le décrire est « une famille ».
- **Le paradigme Opale dit « Évolutif »** est celui décrit par F. Laloux à partir de l'observation d'une douzaine d'entreprises[27] qui se sont organisées autour de trois évolutions : l'autogouvernance (mettant fin à l'organisation pyramidale et à la concentration du pouvoir) ; l'affirmation de soi (*wholeness*) qui invite et encourage chacun à venir au travail tel qu'il est, en exprimant ses forces, ses faiblesses, ses doutes, ses émotions, ses intuitions ; et enfin la raison d'être évolutive : on n'y fait pas de stratégie, on considère que l'entreprise porte en elle, à travers les aspirations et les postures des salariés, la conscience du chemin dans lequel elle veut s'engager. La métaphore pour la décrire est « l'organisme vivant ».

Frédéric Laloux considère que les paradigmes Vert et Opale « *commencent à soigner les blessures que la modernité inflige au monde* ». Le changement de paradigme pour l'entreprise et pour les dirigeants

27. Il s'agit d'entreprises majoritairement à but lucratif, de 90 à 40 000 collaborateurs.

est très fort entre le modèle Vert et le modèle Opale car ce dernier se défait de la pyramide hiérarchique et reconsidère fondamentalement la question du pouvoir, donc le rôle du dirigeant. Frédéric Laloux souligne que le paradigme dans lequel fonctionne une organisation est celui à travers lequel les dirigeants de l'entreprise regardent le monde.

> Les dirigeants mettent en place des structures organisationnelles et des modes de fonctionnement qui sont cohérents avec leur façon de voir le monde. C'est en cela surtout que le pouvoir du dirigeant est énorme et sa responsabilité très grande.

Faire évoluer le modèle de l'entreprise est l'acte le plus engageant pour le dirigeant. Mais comment être un dirigeant responsable si l'on n'a pas réfléchi à sa propre vision du monde, de l'humain, de l'économie ?

Une question clé : la finalité de l'entreprise

Peut-on être dirigeant, sans jamais avoir réfléchi à la finalité de l'entreprise d'une manière générale et quasi-philosophique ? La réponse est oui, puisque c'est une réalité pour quantité de dirigeants. Gagnerait-on, quand on est dirigeant, à se poser la question de la finalité de l'entreprise (celle qu'on dirige et l'entreprise en général) ? La réponse est oui. Pourquoi ?

S'il y a une fonction dans l'entreprise dont le rôle est particulièrement d'indiquer (plus que donner) le sens, c'est bien celle du dirigeant. Élever le niveau de réflexion, donner de la perspective, fédérer autour d'un sens commun, voilà sans doute le volet à plus forte valeur ajoutée de l'action du dirigeant. Aider les équipiers à donner du sens à leur travail est un acte éminemment salutaire pour eux et pour l'entreprise. Mais au fond, quelle est la finalité d'une entreprise ?

> Faites le test et questionnez des personnes autour de vous : pour toi, quelle est la finalité d'une entreprise ? Il est probable que vous obtiendrez, comme nous, deux types de réponses : soit des bredouillages, signes d'un état quasi vierge de réflexion sur le sujet, soit une réponse du genre « faire du profit ».

Le profit est une nécessité bien sûr. C'est d'ailleurs la première responsabilité du dirigeant d'assurer la pérennité de l'entreprise et de veiller à ce qu'elle dégage les moyens nécessaires à son développement. Nécessité ne signifie toutefois pas finalité. Alors si le profit n'est pas la finalité de l'entreprise, quelle est-elle ? Nous avons eu l'idée d'aller chercher la réponse à la source, c'est-à-dire au moment où les entreprises se créent. Est-ce que les raisons qui poussent les entrepreneurs à créer peuvent nous éclairer sur la finalité de l'entreprise ?

Les motivations des centaines de créateurs d'entreprise que nous avons côtoyées se regroupent plus ou moins en trois catégories : besoin d'autonomie, besoin de démontrer que son idée est bonne, besoin de s'épanouir sur le plan personnel, professionnel et social (*cf.* chapitre 1 : les sources de motivations des entrepreneurs).

Constatons que ces motivations sont au départ plutôt autocentrées. Peuvent-elles pour autant s'identifier à la finalité de l'entreprise ? Assurément non, car pour les collaborateurs qui rejoignent l'entrepreneur, il est difficile de faire de la recherche d'autonomie et d'épanouissement du fondateur leur propre moteur. Nous avons constaté que bien souvent, ce dont les entrepreneurs sont le plus fiers, ce sont des emplois qu'ils ont contribué à créer. Ne sommes-nous pas là sur une piste pour remonter à la finalité de l'entreprise ?

La finalité de l'entreprise est de créer des richesses susceptibles d'être partagées : des produits et services utiles au monde pour se nourrir, se vêtir, se soigner, se loger, se déplacer, se distraire, se cultiver, s'informer, se former ; des sources de revenus pour les familles des femmes et des hommes qui y travaillent ; des opportunités pour les fournisseurs de valoriser leurs propres produits et services ; des revenus financiers pour les investisseurs ; du lien social généré par le travail ensemble (et on a vu avec la crise de la Covid-19 combien nous souffrons quand nous sommes privés de lien social). Autrement dit, une somme infinie de richesses !

Envisager ainsi la finalité de l'entreprise est bien plus puissant que la voir comme une fabrique de profit pour l'actionnaire. Et là commence vraiment l'intérêt du métier de dirigeant.

Il y a tant de manières de créer toutes ces richesses et de les partager que chaque entreprise est unique et peut pousser sa singularité (et donc son utilité).

Le dirigeant est en général désigné par les actionnaires. Pour autant, il n'est pas là pour servir les intérêts uniquement des actionnaires. Il est là pour que, avec le soutien de l'actionnaire, l'entreprise crée toutes ces richesses de la façon la plus optimale et pour organiser une plus juste et plus durable répartition entre toutes les parties prenantes.

Peut-être ne partagez-vous pas ces convictions sur la finalité de l'entreprise. Si vous avez une autre formulation de la finalité de l'entreprise sur laquelle vous pensez qu'actionnaires, salariés, clients, fournisseurs, territoires, etc. pourraient encore mieux se mettre d'accord, alors nous sommes vraiment intéressés que vous nous la partagiez.

Tout dirigeant devrait prendre du temps pour réfléchir à la finalité de l'entreprise et préciser ses propres convictions en la matière. C'est une condition pour être affirmé dans l'exercice de son métier. C'est une condition pour poser des choix forts et compréhensibles de celles et ceux avec qui l'on travaille. Et particulièrement concernant les choix managériaux.

Délégation et / ou subsidiarité

On dit que la première richesse de l'entreprise, ce sont les hommes et les femmes qui la composent. Encore faut-il que les conditions soient réunies pour que leur potentiel puisse se libérer et leurs talents s'exprimer ! Si le pouvoir de décider est concentré, la règle est l'obéissance, le contrôle et le reporting sont pléthoriques, l'initiative est inhibée, voire réprimée, la capacité d'innovation est anéantie.

La délégation, système nerveux des organisations classiques

Les modèles classiques de l'entreprise reposent sur une structure pyramidale. Les dirigeants assument la responsabilité globale de l'entreprise devant l'ensemble des parties prenantes. Pour exercer cette responsabilité, ils disposent par principe de tous les pouvoirs. Puisque le dirigeant ne peut tout faire, tout décider, tout contrôler, on a inventé le principe de la délégation.

Le dirigeant délègue une partie de ses pouvoirs à ses n - 1, qui eux-mêmes, ne pouvant pas tout faire ni tout décider ou tout contrôler sur le périmètre de leur délégation, délèguent une partie du pouvoir qui leur a été confié à leurs propres n - 1, et ainsi de suite.

Chacun n'ayant par principe délégué que le pouvoir qu'il ne pouvait correctement exercer, on comprend qu'en bas de la pyramide, le pouvoir de décision est très réduit. La préoccupation de tous les maillons de la chaîne de délégation a été de sécuriser le bon fonctionnement de leur périmètre de responsabilité en affectant des missions précises, en fixant des objectifs clairs, en affectant des moyens, en définissant des processus pour agir et en organisant le contrôle. Le contrôle est constitutif de la délégation.

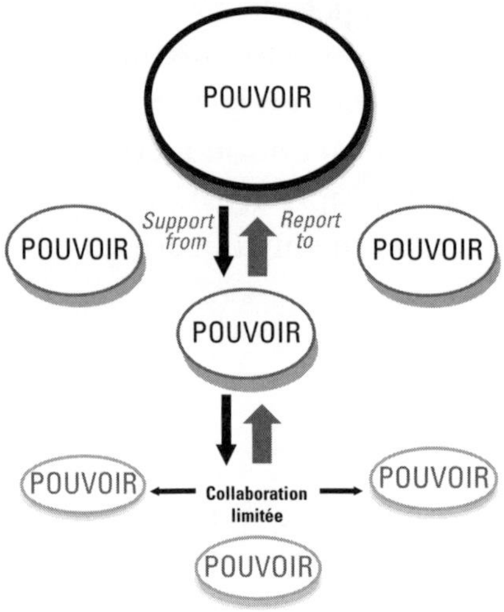

Construction de la délégation : de haut en bas / soutien modéré / beaucoup de reporting.

Figure 5.2 – Les principes de la délégation

La délégation laisse une marge d'autonomie au délégataire[28] sur la manière de mettre en œuvre une mission et d'atteindre les objectifs. Toutefois, dans la délégation, le pouvoir donné peut-être repris à tout moment. Néanmoins, la marge d'autonomie existe surtout pour ceux qui sont positionnés plus haut dans la pyramide. C'est pourquoi on y trouve les décideurs. En bas, les exécutants.

28. Délégataire : personne à qui l'on délègue. Délégant : personne qui délègue.

La délégation est un contrat et comme tout contrat, il implique une négociation. Les objectifs et les moyens doivent être négociés entre le délégataire et le délégant. Dans le cas contraire, on n'est plus dans un contrat de délégation mais dans le registre des ordres donnés qui désengagent d'ailleurs le délégataire de sa responsabilité. Combien de dirigeants et de cadres reçoivent et acceptent pourtant leurs objectifs sans discussion ?

La délégation a fait la démonstration de son efficacité quand elle est bien déployée. On a compris dans certaines entreprises, qu'elle fonctionnait encore mieux lorsqu'elle s'inscrivait dans un projet partagé. Toutefois, la délégation peut exposer à des dérives néfastes. Lorsqu'elle s'est déployée de surcroît dans les organisations pilotées par des dirigeants anxieux et/ou convaincus que les humains sont par nature égoïstes, paresseux et malhonnêtes, les règles et les contrôles ont pu devenir pléthoriques, pesants et coûteux. Dans ce contexte, une expression trop forte du pouvoir par le management de l'entreprise, y compris à travers le transfert des pouvoirs inhérents à la délégation, peut susciter un contre-pouvoir très préjudiciable à la performance : la force d'inertie.

La délégation organisée en cascade de haut en bas favorise aussi le fonctionnement en silos et obère le potentiel collaboratif au sein de l'organisation : « *Oui je veux bien t'aider et travailler avec toi sur ce projet, mais je dois en parler à mon chef qui en discutera avec le tien, qui dira si c'est possible et dans quelle mesure.* » Ces modalités ne sont plus compatibles avec l'agilité dont les entreprises ont besoin.

C'est notamment à cause de ces limites qu'un autre modèle est né, fondé non pas sur la *délégation*, mais sur la *subsidiarité*. Si les deux sont parfois confondues, ne nous y trompons pas, elles sont à l'inverse l'une de l'autre.

La subsidiarité, un nouveau paradigme pour les organisations

Wikipedia définit ainsi le principe de subsidiarité[29] : « une maxime politique et sociale selon laquelle la responsabilité d'une action publique, lorsqu'elle est nécessaire, revient à l'entité compétente la plus proche de ceux qui sont directement concernés par cette action. Lorsque des situations excèdent les compétences d'une entité donnée responsable de l'action publique, cette compétence est transmise à l'entité d'un échelon hiérarchique supérieur et ainsi de suite. Le principe de subsidiarité veille à ne pas déconnecter la prise de décision publique de ceux qui devront la respecter. C'est en somme la recherche du niveau hiérarchique pertinent auquel doit être conçue une action publique. »

La subsidiarité est entrée dans le monde de l'entreprise à la fin du XXe siècle, mais son principe est ancien. Elle a été imaginée au départ pour envisager la vie sociale et politique. C'est Aristote qui le premier dans *Les Politiques* a proposé la subsidiarité pour l'organisation de la Cité. Il voit cette dernière comme un emboîtement de groupes (famille, village et ainsi de suite), chacun d'eux recherchant son autosuffisance. Plus tard, toujours à propos de la sphère politique, au XVIIe siècle, le philosophe Johannes Althusius met en exergue la nécessité d'autonomie des collectivités de base vis-à-vis du pouvoir central. L'Église catholique a aussi contribué à la promotion du principe de subsidiarité. Ce principe est très présent dans la pensée de Thomas d'Aquin. Mais c'est surtout le pape Léon XIII dans son encyclique *Rerum novarum* (15 mai 1891) qui, dans le contexte de la révolution industrielle et de ses dérives, formule le principe de subsidiarité qui devient l'un des piliers de la doctrine sociale de l'Église. Ce principe appartient au socle fondamental de la pensée

29. Définition du principe de subsidiarité, *Wikipédia*, consultée le 22/09/2021, https://fr.wikipedia.org/wiki/Principe_de_subsidiarit

sociale chrétienne. Son énoncé par Joseph Ratzinger[30] est simple : « *Donner la responsabilité de ce qui peut être fait au plus petit niveau d'autorité compétent pour résoudre le problème.* »

Dans le principe de subsidiarité, il y a un double engagement de tout échelon supérieur : se garder d'intervenir dès lors que les échelons inférieurs ont la capacité de remplir de manière appropriée les fonctions qui leur reviennent. Intervenir serait priver injustement ceux-ci de leur pouvoir de décider et agir.

D'autre part, se mettre en attitude d'aide, donc de soutien, de promotion, de développement par rapport aux échelons inférieurs ; mais aussi suppléer lorsque ces échelons n'ont pas la capacité de remplir de manière appropriée les fonctions qui leur reviennent. *Subsidiarii* en latin signifie « troupe de réserve ». Le terme traduit très bien ce double engagement de non-intervention et de suppléance. Même si construire la délégation et la subsidiarité sont des exercices proches, la subsidiarité introduit une rupture, un véritable changement de paradigme. C'est une révolution, pas une évolution.

Récit d'expérience

Jean-François Zobrist, qui a initié dès les années 1980 un mouvement de « libération » de l'entreprise FAVI, raconte comment un soir, une femme en charge du ménage a pris l'initiative de décrocher le téléphone sur un appel entrant parce que le standard était fermé. Au bout du fil, c'était un client débarqué à l'aéroport de Roissy qui demandait comment se rendre à l'entreprise. Ni une, ni deux, cette femme a pris les clés d'un véhicule de la société et a décidé d'aller le chercher, jugeant qu'elle serait plus utile ainsi à l'entreprise qu'en poursuivant son ménage. Voilà ce que veut dire un changement de paradigme. C'est d'abord un retournement de la pyramide.

30. Ratzinger J., *Instructio de libertate christiana et liberatione*, 22/03/1986, AAS 79 (1987) pp. 554-599.

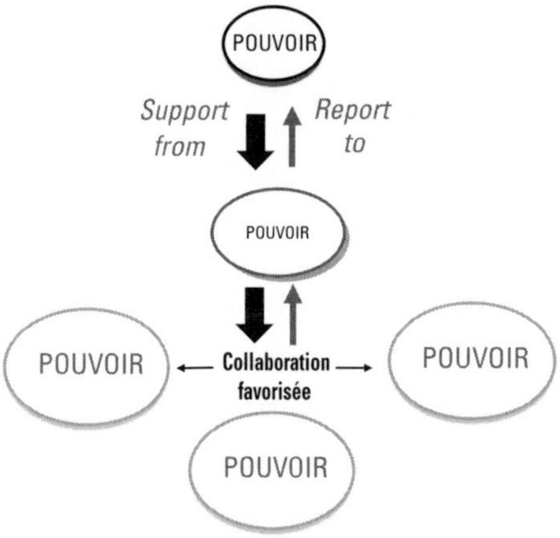

Construction de la subsidiarité : de bas en haut / beaucoup de soutien / reporting minimal.

Figure 5.3 – Les principes de la subsidiarité

Pour André Courtaigne[31], « dans la définition des attributions, le principe de subsidiarité consiste à renverser l'organigramme, mettant les exécutants au sommet et recherchant tout ce qu'ils sont capables de faire par eux-mêmes. Puis faire redescendre d'un échelon les tâches qui échappent à leur compétence, et ainsi de suite, de proche en proche, jusqu'au chef de l'entreprise. »

C'est aussi un retournement dans la relation au pouvoir. Tout en conservant devant les parties prenantes la responsabilité globale de l'entreprise et le pouvoir lié à cette responsabilité (responsabilité qui peut d'ailleurs le conduire devant les tribunaux), avec la subsidiarité le dirigeant considère que par nature, le pouvoir est dans les mains de ceux qui font, là où ils sont amenés à décider et agir. Ce n'est pas se déposséder du pouvoir, c'est bien plus que cela : c'est reconnaître par essence le pouvoir des autres. Le pouvoir managérial se découple du pouvoir juridique. C'est un saut qui peut paraître vertigineux. On appelle cela la confiance ! Le dirigeant développe ainsi le soutien à ses équipes. Et à l'inverse, dans ces organisations, les reportings s'amenuisent.

En découvrant le principe de la subsidiarité, de nombreux dirigeants prennent conscience qu'ils prennent trop de décisions, qu'ils contrôlent trop. C'est déjà pour eux une avancée considérable, surtout s'ils font l'effort de comprendre les raisons pour lesquelles ils prennent des décisions à la place de leurs collaborateurs ou demandent des reportings qui ne leur sont pas vraiment nécessaires. La raison première est quasiment toujours un défaut de confiance.

31. Courtaigne A., *Professions et Entreprises*, n° 795 (10), 1991.

Cette démarche les conduit à se demander si c'est la formation de leurs collaborateurs qui est à compléter ou le partage d'information à enrichir, ou les moyens de travail qui sont à revoir.

Toutes les entreprises qui fonctionnent sur le principe de la subsidiarité, ont basculé par la volonté de leur dirigeant. Pour la plupart, ils ont voulu mettre fin à une situation dont ils ont eux-mêmes souffert au sein d'entreprises : le manque de liberté, l'excès de contrôle, le désengagement, l'immobilisme, etc. Mais ce sont aussi leurs convictions sur l'humain qui les ont guidés : toute personne naît avec ses talents propres. Son développement intégral implique qu'elle exerce ces talents. Toute personne est digne et sa dignité doit lui être reconnue. Cette reconnaissance se fonde sur la confiance en la personne.

Récit d'expérience

Pierre Lecocq a fait l'essentiel de sa carrière dans l'industrie de l'équipement automobile comme directeur d'usines, de divisions, de branche, chez Saft et Valeo, puis comme directeur-général de Inergy Automotive Systems. Cette société, filiale du groupe Plastic Omnium depuis 2011, est devenue le leader mondial des fonctions Systèmes à Carburant et de Dépollution embarquée, fournissant tous les constructeurs automobiles dans le monde. Pierre a choisi de déployer les principes de la subsidiarité chez Inergy Automotive Systems en raison de ses convictions philosophiques et spirituelles, et parce qu'il croyait en leur efficacité. En adoptant la double attitude de non-intervention et de soutien, Pierre et les managers qu'il a entraînés dans ce mouvement ont mis en oeuvre ce qu'on appelle le « servant leadership[32] »
Pierre se souvient que le patron de Valeo, se tournait souvent vers lui lors des réunions du comité exécutif du groupe pour lui demander son avis : « Alors, qu'en pense l'idéaliste ? » Un jour, alors qu'ils voyageaient tous les deux, Pierre saisit l'occasion pour demander à son patron si ça ne le gênait

32. Le servant leadership est une conception suivant laquelle un leader ou un manager se considère avant tout au service de ses équipiers pour les aider à accomplir l'objectif commun. C'est Robert K. Greenleaf, chercheur et consultant aux États-Unis, qui a mis en exergue cette conception du leadership dans les années 1970, comme alternative au leadership autoritaire.

pas d'avoir un idéaliste parmi ses collaborateurs. Ce à quoi ce dernier lui a répondu : « Oh, vous savez Pierre, tant que vous avez des résultats... »

Cette histoire illustre bien que le dirigeant peut mettre en œuvre ses convictions, sans que cela ne l'exonère de la performance. Elle montre également que finalement, même dans un groupe, la marge de liberté d'un dirigeant salarié est grande quand la performance est au rendez-vous.

▪ Les conditions de la subsidiarité

Une entreprise qui déploie le principe de subsidiarité s'expose au risque de devenir une collection d'individus indépendants ou une simple juxtaposition de communautés. C'est pourquoi, la subsidiarité dans l'entreprise ne peut fonctionner qu'en allant de pair avec un autre principe, celui de la *solidarité*. L'autonomie responsable suppose que tous portent le souci de l'intérêt général et aient conscience que chacun a besoin des autres.

Dans les entreprises qui fonctionnent pleinement sur le principe de la subsidiarité, on ne se préoccupe pas d'objectifs stratégiques. La seule composante, puissante, du projet de l'entreprise, c'est sa raison d'être[33] (*cf.* chapitre 7). Les collaborateurs peuvent exercer leur autonomie de manière responsable car ils peuvent discerner ce qui sert la raison d'être et ce qui ne la sert pas. C'est cette raison d'être et le sentiment qu'on ne fera rien seul qui nourrissent la solidarité.

▪ La subsidiarité en période de crise

Pour certains dirigeants tels que Pierre Lecocq, la subsidiarité est *contingente*, c'est-à-dire qu'elle peut dépendre des circonstances. Lorsque l'entreprise connaît une crise, elle est un peu comme le

---

33. La raison d'être définit le « pourquoi » et le « pour quoi » de l'entreprise. Elle répond aux questions suivantes : Qu'est-ce qui fait que notre entreprise mérite d'exister dans ce monde ? Quels bénéfices apporte-t-elle au monde ? À qui particulièrement ? Quelles sont les singularités de notre entreprise qui la rendent irremplaçable ?

bateau dans la tempête. Le skipper, au nom de sa responsabilité à l'égard des parties prenantes, prend pleinement le pouvoir. Ce n'est pas le moment de tergiverser. Il y a des décisions rapides à prendre. Le skipper peut parfois mettre une partie de l'équipage en sécurité à l'intérieur et rester seul dans le cockpit ou avec le nombre d'équipiers nécessaire et suffisant pour manœuvrer et naviguer. Quand la crise est passée, on peut reprendre le mode croisière.

Pour d'autres, les moments de crise, avec leur lot d'incertitudes, méritent au contraire plus que jamais de mobiliser l'intelligence collective. Il n'en reste pas moins que le dirigeant prend dans ces situations une place centrale en suscitant la réflexion.

▪ Un écueil, confondre délégation et subsidiarité

La subsidiarité et la délégation sont à la fois proches et différentes. Proches dans leur mise en œuvre, différentes dans leur inspiration.

Tableau 5.1 – Distinction entre délégation et subsidiarité

DÉLÉGATION	SUBSIDIARITÉ
Le processus se construit à partir du haut	Le processus se construit à partir du bas
Le pouvoir est confié mais peut être retiré à tout moment	Le pouvoir est donné (dans le périmètre d'autonomie) et ne peut être retiré
La délégation fonctionne dans un contrôle strict et a priori	Il y a prise du risque de la personne à qui est confiée la responsabilité
Le « chef » est très valorisé : il est celui qui sait, il est présent et visible, il est admiré	Le « chef » n'est pas valorisé. Il est totalement solidaire des actions et décisions prises, bonnes ou mauvaises
Le « délégué » n'est qu'un exécutant	Le responsable opérationnel est très valorisé et admiré
Motivée par la recherche d'efficacité	Motivée par la recherche de sens

Source : Pierre Lecocq

Peu de dirigeants comprennent d'emblée le changement radical de la subsidiarité : le pouvoir ne peut être repris par le dirigeant. De ce fait, le contrôle destiné à se rassurer soi-même n'est pas nécessaire. Toutefois, beaucoup de dirigeants constatent que la découverte de la subsidiarité les fait progresser dans leur niveau de délégation. Ils réalisent qu'ils prennent (et acceptent de prendre) trop de décisions, qu'ils contrôlent trop et que finalement, ils ont mieux à faire !

▪ **Les conséquences de la subsidiarité pour le dirigeant**

La subsidiarité implique un changement sensible dans l'exercice de la mission de dirigeant qui ne s'occupe plus du « comment ». Elle implique aussi un changement sensible de postures : passer du contrôle d'actions au contrôle des interfaces, réallouer le temps dégagé au terrain, devenir un dirigeant « ressources », s'assurer en particulier de la qualité des formations et du choix des personnes, offrir une proximité au *middle management* qui est souvent déstabilisé dans son rôle quand on travaille en subsidiarité, et surtout, accepter de « s'effacer ». C'est basculer dans le *servant leadership*.

Dans ce contexte de la subsidiarité, un comité de direction a-t-il encore sa raison d'être ? Oui, il peut l'avoir si le leader souhaite vivre sa mission de façon collégiale. Mais puisque dans ces entreprises les modalités d'exercice de la mission de dirigeant sont différentes de celles des entreprises classiques, celles du codir aussi s'en distinguent (et bien souvent aussi le terme qui le désigne). La recherche d'autonomie des collaborateurs conduit le dirigeant et son équipe de direction à :

- se concentrer sur la posture de garant du sens (vers où ? pourquoi ?). Cela veut dire consacrer plus de temps à communiquer sur la finalité et la stratégie, s'assurer qu'elle est comprise et partagée, être plus attentif à tous les signaux faibles.
- s'abstenir de décider du quoi les équipes savent ce qu'elles ont à faire pour atteindre le but commun dès lors qu'elles le partagent).

• agir sur l'environnement des équipes, se préoccuper plus des ressources dont elles ont besoin: favoriser l'expression des besoins pour réussir leurs projets (besoins d'information, besoins en formation, besoins techniques, etc.) et les aider à y répondre.
• s'assurer que la volonté d'autonomisation des équipes est respectée par les managers et ne fait pas marche arrière. Cela veut dire veiller au bon fonctionnement des processus définis. Ils sont finalement nombreux dans ce type d'organisations : processus pour proposer et réaliser un recrutement, processus pour créer un groupe projet, etc.

Atelier – Questionner son organisation à travers l'application du principe de subsidiarité

Analyser vos décisions

1. Listez vos décisions prises quotidiennement et/ou récemment.
2. Pour chacune de ces décisions, posez-vous les questions suivantes :

• Est-elle réellement de ma responsabilité de dirigeant ?
• Se substitue-telle à celle que pourraient prendre mes collaborateurs ?
• Si oui, pourquoi jusqu'à présent je prends moi-même cette décision ? Est-ce parce que les collaborateurs concernés sont mal choisis ? mal positionnés ? mal formés ? mal informés ? mal outillés ?
• Utiliser la méthode des cinq pourquoi : posez successivement cinq fois la question pourquoi afin de remonter à la cause de la cause de la cause…
• Qu'en tirez-vous comme conclusion concrète ? À quoi devez-vous travailler pour ne plus avoir à prendre ce genre de décision ?

Analyser votre reporting

1. Listez les informations de votre reporting-type hebdomadaire.
2. Pour chacune, posez-vous les questions suivantes :

• Recevoir cette information ou catégorie d'informations est-il vraiment nécessaire à l'exercice de ma mission de dirigeant ?
• Si ce n'est pas nécessaire par principe, suivre cette information traduit-il un manque de confiance de ma part ? Est-ce destiné à me rassurer ?

• • •

• • •

- Cela veut-il dire que les collaborateurs concernés sont mal choisis ? mal positionnés ? mal formés ? mal informés ? mal outillés ?
- Utiliser la méthode des cinq pourquoi : posez successivement cinq fois la question pourquoi afin de remonter à la cause de la cause de la cause...
- Qu'en tirez-vous comme conclusion concrète ? À quoi devez-vous travailler pour ne plus avoir à suivre ce genre d'information ?

Le pourquoi du pourquoi du pourquoi...
Ces deux premières étapes (analyse des décisions et reporting) mettent en évidence l'importance du debrief. S'entraîner à ne pas se satisfaire des raisons primaires de dysfonctionnements, qui sont en fait des conséquences d'autres causes plus profondes (défaut d'organisation, défaut de formation, défaut de communication), est générateur de progrès.

Analyser les missions

1. Définissez la mission d'un collaborateur en une phrase commençant par un verbe à l'infinitif. Mettez en évidence la raison d'être de son poste ou fonction (le « pourquoi »), en insistant sur la valeur ajoutée attendue. Évitez surtout de dresser une liste de tâches.
Votre mission est de [compléter] ....
2. Puis, définissez son périmètre d'autonomie « tout sauf » : votre autonomie pour exercer cette mission est entière, sauf concernant certaines décisions. Les listez.

Alors, délégation et/ou subsidiarité ? La délégation est une figure imposée par la réalité juridique : le pouvoir et la responsabilité de l'exécutif sont dans la main du dirigeant. Puisque le dirigeant ne peut les mettre en œuvre seul, le pouvoir et la responsabilité sont répartis du haut vers le bas (délégation top/down). La subsidiarité est un choix managérial, fondé sur des convictions (oser la confiance et les risques en découlant). Le dirigeant peut donc soit faire le choix d'un management de type délégataire en cohérence avec la réalité juridique, soit faire un autre choix de management, de type subsidiaire, plus responsabilisant, moins contrôlant. Toutefois, dans certains domaines de la vie de l'entreprise – par exemple, la sécurité des conditions de travail qui par nature laisse moins de place à l'initiative et plus aux règles –, le principe de la subsidiarité ne pourra pas se substituer au principe de la délégation.

Tout dirigeant a donc des choix à faire en termes de management et d'organisation. Ces choix doivent être clairs et leur mise en œuvre cohérente pour qu'ils soient compris. Au cœur de ces choix, ce sont vos convictions personnelles qui vont compter.

Renforcer la collaboration dans l'entreprise

La solidarité doit aller de pair avec l'autonomie. L'entreprise ne peut être une simple collection d'individus, mais doit être une organisation collaborative. Vincent Moncorgé va plus loin encore dans l'exploration des quatre piliers de la collaboration qu'il a identifiés : la confiance, le choix, la coopération et la convivialité.

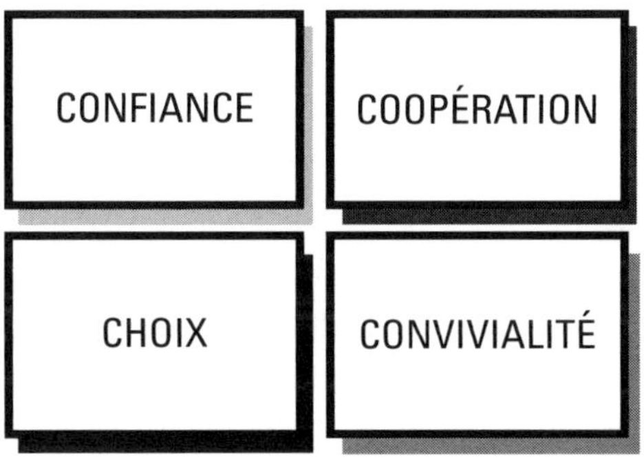

Figure 5.4 – Les 4 piliers du management collaboratif

Source : Vincent Moncorgé

Nous nous sommes largement inspirés de son travail pour proposer une grille d'évaluation de la culture managériale au regard de son potentiel collaboration. Nous avons expérimenté avec des comités de direction l'intérêt de cet autodiagnostic, dans le but d'identifier des axes pour renforcer la collaboration dans l'entreprise.

- **La confiance**

  → **Le sens.** Nous, dirigeants et managers, apportons du soin à nourrir le sens auprès des équipes : nous communiquons sur les orientations stratégiques et nos objectifs long terme, nous animons par notre raison d'être (le « pourquoi ? ») plutôt que par l'activité.

  En tant que dirigeant et managers, nous sommes très attachés à expliquer le sens de nos décisions et de nos actions.

  → **L'authenticité.** Nous favorisons l'expression des interrogations des salariés. Nous nous efforçons d'apporter des réponses honnêtes, sincères et authentiques. Nous recherchons un climat de confiance pour aujourd'hui et pour le long terme.

  → **La proximité.** Notre organisation, notre management, notre culture, nos postures permettent des échanges simples, rapides, directs. La recherche d'efficacité compte plus que le respect des statuts et des échelons.

  → **La valorisation.** Dans notre entreprise, nous sommes sortis de « ce qui est mal est mal / ce qui bien est normal ». Dans notre entreprise « ce qui est mal est mal / ce qui est bien est bien » : nous le reconnaissons et nous le valorisons.

  La contribution du salarié est reconnue, non pas en fonction de son statut, mais de sa valeur ajoutée et de son engagement. Nous explorons régulièrement toutes les formes possibles de reconnaissance.

- **Le choix**

  → **L'engagement.** L'engagement repose sur l'envie manifeste et partagée de s'impliquer en toute connaissance de cause. Nous sommes très attentifs à ce niveau d'engagement du salarié, lors du recrutement, de son parcours d'intégration et lors des entretiens réguliers.

  Toute baisse d'engagement est identifiée, traitée dans le dialogue avec le salarié ou l'équipe concernée ; elle nous interpelle en premier lieu sur nos pratiques managériales et nous la prenons comme une occasion de progresser.

→ **La liberté.** Nos réflexes culturels sont de laisser autant que possible aux salariés la latitude de s'organiser comme ils le souhaitent pour atteindre leurs résultats. Toute mission confiée et les objectifs font l'objet d'une négociation/entente préalable. La liberté est maximale sur le « comment ».

Nous revisitons régulièrement les règles internes pour vérifier leur utilité et leur pertinence, avec l'obsession de les réduire au niveau nécessaire et suffisant, de responsabiliser au maximum, de favoriser l'initiative.

→ **La coresponsabilité.** En contrepartie de la liberté et de l'encouragement à l'initiative, nous développons l'esprit de la responsabilité chez tous. Celui-ci se traduit par la capacité de chacun à assumer ses choix et ses actes, à l'égard de lui-même, de ses collègues, de l'entreprise, que les résultats soient positifs ou négatifs. Les erreurs et mauvais résultats ne sont pas tus, mais partagés, analysés et considérés comme des opportunités pour progresser.

→ **La flexibilité.** Nos modes d'organisation autorisent l'exploration de nouvelles pratiques, de nouveaux procédés par les salariés. L'expérimentation et l'innovation en sont facilitées. Les décisions simples sont prises et mises en œuvre rapidement.

Nous savons réallouer les ressources avec souplesse en fonction des évènements.

- **La coopération**

→ **Le soutien.** Chacun se sent soutenu et peut aisément accéder à de la ressource en fonction de ses besoins (psychologiques, appui technique, besoins de formation, d'informations, de coopération, etc.). Nous promouvons le sens de l'intérêt général et l'esprit d'équipe.

→ **La cocréativité.** Chaque personne dans l'entreprise, quel que soit son statut ou son métier, se sent autorisée et même encouragée à émettre de nouvelles idées. Notre organisation promeut les échanges ouverts et la confrontation des idées pour stimuler la capacité d'innovation. Nous favorisons le partage d'informations et éradiquons les comportements « chasse gardée ».

→ **La complémentarité.** Nous recherchons proactivement la diversité (sexe, âge, culture, formation, origine, etc.) dans tous les secteurs et à tous les échelons de l'entreprise. Nous la voyons comme un enrichissement pour l'entreprise et pour chacun.

→ **La transversalité.** Nous sommes plus soucieux de créer des ponts que de défendre des frontières au sein de notre organisation. La transversalité est à la fois horizontale (entre fonctions) et verticale (entre niveaux hiérarchiques). Nous ne sommes pas bloqués par les luttes de pouvoir. Solidarité et esprit d'équipe prédominent.

- **La complémentarité**

→ **L'ambiance.** Nous soignons l'ambiance de travail et chacun s'en sent responsable. La qualité des relations entre les personnes est un sujet en tant que tel. Nous y sommes attentifs, nous ne laissons pas pourrir les situations difficiles, nous nous donnons les moyens de progresser dans ce domaine.

→ **Le plaisir.** Nous considérons le plaisir de travailler comme une condition forte de l'épanouissement des salariés, de leur fidélisation et de la réussite individuelle et collective. Nous y œuvrons en veillant à ce que chacun se sente à sa place, utile et reconnu, et puisse donner sens à son travail. Nous savons aussi nourrir le plaisir au travail par l'organisation de moments plaisirs.

→ **La célébration.** Nous célébrons les évènements de la vie de l'entreprise ainsi que nos progrès et nos victoires. Nous savons mettre à l'honneur les personnes (anniversaires, réussites, etc.).

→ **L'équilibre.** Nous concilions la recherche de la performance et le respect de l'équilibre de vie pour les salariés. Nos conditions de travail et notre organisation, fondées sur les principes de liberté et de responsabilité, rendent les salariés acteurs de leur propre équilibre de vie.

Atelier – Renforcer la collaboration dans l'entreprise

Cet atelier peut être réalisé en équipe de direction.

1. Passez en revue chacun des quatre piliers à travers les seize items développés ci-avant : sens • authenticité • proximité • valorisation • engagement • liberté • coresponsabilité • flexibilité • soutien • cocréativité • complémentarité • transversalité • ambiance • plaisir • célébration • équilibre.
2. Évaluez la culture de l'entreprise sur chacun de ces items de 1 à 4 (1 faible / 4 fort). On peut lire les items à tour de rôle. Pour chaque item, chacun donne sa note et la commente. Il peut être pertinent de donner le score total (ensemble des participants) pour chaque item. Un simple tableur suffit.
3. Enfin, identifiez les points forts et points faibles de la culture de l'entreprise au regard du potentiel de collaboration. Il vous reste à établir ensemble un plan de progrès et à le suivre.

La première richesse de l'entreprise, ce sont les hommes et les femmes qui la composent dit-on. Le dirigeant qui consacre du temps, de l'énergie et du talent à favoriser l'expression de cette richesse crée beaucoup de valeur. Cela lui est d'autant plus naturel et facile qu'il s'intéresse sincèrement à l'humain.

Les 9 caractéristiques du care manager

Après les décennies de la qualité qui ont induit l'esprit du « client d'abord », on revient à une considération plus équilibrée entre les clients, les salariés, les managers. Finalement n'est-ce pas naturel que l'entreprise prenne soin tout autant voire en premier lieu de ses salariés ? Ou mieux encore, qu'elle leur permette de mieux prendre soin d'eux-mêmes ? Cela ne signifie pas négliger les clients. Cette prise en compte du soin à travers le management s'appelle le *care management*.

Nous avons identifié neuf caractéristiques des care managers.

- Le care manager considère ses équipiers comme des personnes, avant même de les considérer comme des ressources pour l'entreprise.
- Il est tendu vers la réussite des autres. Il envisage la sienne comme une conséquence de celle des autres.
- Il crée les conditions du succès de ses collaborateurs, individuellement et en tant qu'équipe.
- Il s'assure que chacun a conscience de sa contribution au projet de l'entreprise.
- Il considère par principe que le pouvoir et la responsabilité sont au plus près de l'action.
- Il concentre son action sur la mise à disposition des ressources pour ses équipiers : ressources en temps, en information, en formation, en outils.
- Il fluidifie les interfaces pour faciliter les coopérations.
- Il apporte de la reconnaissance et des encouragements.
- Il se préoccupe de l'évolution et du progrès de ses équipiers.

Chapitre 6
Exploiter le gisement d'énergie des émotions

Executive summary

- Nos émotions constituent un gisement d'informations et d'énergie considérable. Lorsque nous savons les utiliser, nous pouvons orienter nos forces d'une manière constructive et mieux conduire nos vies.
- Le quotient émotionnel (QE) est l'aptitude à comprendre et à gérer ses émotions. Contrairement au quotient intellectuel (QI) qui est stable dans le temps, le QE peut évoluer dans le temps. Il est un facteur de succès beaucoup plus discriminant que le QI chez les dirigeants.
- Nos émotions ne sont ni bonnes ni mauvaises, elles sont agréables ou désagréables.
- Dans tous les cas, elles nous informent de besoins, satisfaits ou insatisfaits et nous conduisent à orienter nos comportements. En apprenant à identifier précisément nos émotions de façon ajustée, nous appréhendons plus clairement nos besoins, nous trouvons la motivation et la pertinence pour faire évoluer des situations et des relations.
- Nous présentons deux outils pour développer des comportements satisfaisants et ajustés quelles que soient les émotions que nous vivons : la « courbe des émotions » et le protocole B.E.IN.G.®

Entretenir une relation prend du temps. À l'inverse, en casser ou abîmer une est très rapide. Il suffit de se laisser emporter par ses émotions ou de les enfouir, le plus souvent inconsciemment parce que l'on ne sait pas comment les exprimer. Peu à peu, la relation se complique, se distend, la confiance s'amenuise, les interprétations et les jugements prennent le pas sur la réflexion et l'analyse de la réalité. Il devient alors difficile de se rencontrer et de collaborer.

Orienter ses forces d'une manière constructive

> « Les gens oublieront ce que vous avez dit, les gens oublieront ce que vous avez fait, mais ils n'oublieront jamais ce que vous leur avez fait ressentir. »
>
> Marguerite Johnson

Récit d'expérience

Jérémy dirige une entreprise de fitness et gère une petite dizaine de salles de sport. Depuis un certain temps déjà, il se dit que ne pas ouvrir les salles le dimanche est un non-sens par rapport aux attentes des usagers et un non-sens économique pour son entreprise. Il sait que le sujet est sensible pour son équipe, compte tenu des contraintes sociales et des répercussions sur la vie personnelle et familiale de ses collaborateurs. C'est pourquoi il a tardé à mettre ce sujet sur la table. Un jour pourtant, il se décide à le prendre à bras-le-corps. Il profite de l'une des réunions auxquelles participent son staff et les responsables de salle pour aborder le problème. Le sujet étant sensible, il a pris soin de préparer cette réunion. Le jour J., il présente les réflexions qui l'ont conduit à instruire le projet d'ouverture dominicale. Il commence à en présenter l'intérêt pour les clients, l'impact pour l'entreprise et l'organisation, avec les avantages et les contraintes générées... Très vite, il repère tout en parlant que deux responsables de salle commencent à réagir en aparté, visiblement d'une manière peu constructive.

Jérémy est déstabilisé. Il sent la colère monter en lui. Mais en un éclair, il se reconnecte à ce qu'il a appris lors d'un atelier auquel il vient de participer sur la gestion des émotions.

Mentalement, et tout en continuant à parler, il reconnaît ce sentiment de colère, il l'accueille, il respire profondément et se retient de voler dans les plumes de ces deux collaborateurs. Il propose une petite pause, prenant comme prétexte le fait que la réunion dure déjà depuis 1 h 15. Jérémy sort de la salle avec sa colère et continue de respirer profondément. Après quelques minutes, les participants reviennent dans la salle et Jérémy reprend calmement en parlant de lui-même à la première personne : « J'attends beaucoup de cette réunion parce que le sujet dont nous parlons est stratégique pour l'entreprise. J'ai travaillé en amont de cette réunion pour nous permettre d'échanger le plus complètement possible sur l'opportunité de l'ouverture dominicale de nos salles de sport. Je n'ai pas eu l'occasion d'exposer le projet jusqu'au bout et le regrette vraiment. Les enjeux autour de ce projet méritent que nous ayons un vrai échange, ouvert, franc, constructif. Je vous demande de me laisser le présenter jusqu'au bout et ensuite, j'inviterai chacun à réagir. »

En nous rapportant cette histoire, Jérémy reconnaît que s'il n'avait pas appris à gérer ses émotions, compte tenu de son caractère bien trempé, il se serait violemment emporté contre ses deux collaborateurs. Il est convaincu que s'il s'y était pris ainsi, il aurait bien mal engagé le projet et probablement même compromis les négociations.

Plus que cela, il nous a avoué : « Ce jour-là, je me suis vraiment senti dirigeant ! Et la question de l'ouverture dominicale s'est finalement très bien passée. Un mois plus tard, elle était effective. »

Quelques jours plus tard, il reçoit des messages très positifs de plusieurs de ses collaborateurs, saluant sa posture et exprimant leur fierté de travailler avec lui.

Jérémy est un entrepreneur doté d'une grande énergie. Il a appris que si nos émotions nous mettent en mouvement et génèrent des forces, avoir la capacité d'orienter ces forces d'une manière constructive est un atout considérable.

L'intelligence émotionnelle fait la différence

Depuis les années 1990, des avancées en neurosciences ont mis en évidence le rôle fondamental des émotions dans notre capacité à comprendre et agir. Daniel Goleman, psychologue, enseignant à Harvard et président de la société Emotional Intelligence Services, a démontré que le Quotient Émotionnel ou QE (aptitude à comprendre et à gérer ses émotions) peut évoluer dans le temps, contrairement au Quotient Intellectuel qui, lui, est stable. Le QE constitue un facteur de succès bien plus discriminant que le QI chez les dirigeants.

L'intelligence émotionnelle traduit la capacité de l'individu à identifier ses propres sentiments et ceux des autres, à se motiver lui-même et à bien gérer ses émotions dans ses relations avec autrui. Elle englobe des aptitudes à la fois distinctes et complémentaires de celles que recouvre l'intelligence dite scolaire. Cette dernière évalue en effet, à travers des tests comme celui du QI, les capacités purement cognitives de l'individu. Toutefois, beaucoup d'individus qui possèdent une forme d'intelligence abstraite manquent de profondeur émotionnelle. Souvent, ils finissent par travailler sous les ordres de personnes qui possèdent des QI inférieurs au leur, mais révèlent de grandes compétences émotionnelles.

> Cette forme particulière d'intelligence consiste non pas à maîtriser à tout prix ses émotions ou à les réfréner pour éviter de perdre le contrôle d'une situation, mais à savoir exprimer les sentiments qui conviennent dans des circonstances données. L'expression des émotions forge la sincérité d'un être et renforce son leadership.

Goleman en donne la définition suivante : « L'intelligence émotionnelle est un ensemble de savoir-faire cognitifs et comportementaux indispensables pour augmenter la maîtrise du contrôle émotionnel et particulièrement dans les processus de changement[34]. »

Les atouts de l'intelligence émotionnelle

Les personnes équilibrées sur le plan émotionnel sont en mesure de dominer leurs émotions. Elles sont capables de les exprimer de façon acceptable pour elles-mêmes et pour les autres. Les individus émotionnellement doués font également preuve d'empathie, cette

34. Daniel Goleman, docteur en psychologie clinique et développement personnel, in *Emotional Intelligence* (Edition originale, 1995).

capacité particulière de pouvoir se mettre à la place des autres et de ressentir leurs émotions. Leur management est efficace. Il permet aux collaborateurs de donner le meilleur d'eux-mêmes dans un climat de sécurité. Le leader assertif veut grandir et surtout faire grandir. Cepedant, quand on veut faire grandir, il faut activer des leviers qui sont en grande partie des leviers émotionnels. Ceux-ci permettent de générer de l'empathie, de la confiance, de l'engagement, de l'écoute, autant d'éléments indispensables à la réussite collective.

Une intelligence à développer

Contrairement à une idée répandue, la maîtrise des émotions s'apprend et n'est pas un trait de caractère. L'intelligence émotionnelle se développe sur une base de connaissance de soi et particulièrement de ses émotions et d'estime de soi. Le dirigeant qui a un QE supérieur à la moyenne réussit à faire face aux pressions, s'adapte, gère ses tensions, améliore sa capacité de collaboration, développe sa créativité et son charisme.

Le dirigeant, dans sa façon de vivre ses relations avec ses collaborateurs, induit des émotions. Il est bon qu'il en ait conscience et qu'il puisse contrôler son impact émotionnel. Pour cela, il aura à développer son empathie, c'est-à-dire sa capacité à se mettre à la place de l'autre et à être attentif à l'autre pour avoir une idée de ce qu'il peut ressentir.

Les dirigeants, souvent confrontés à des décisions à fort contenu émotionnel, ont grand intérêt à s'appuyer sur leurs émotions pour ajuster leurs comportements et prendre les bonnes décisions. Pourtant, nombreux sont ceux que les émotions dérangent. Ils voudraient qu'elles ne soient pas si fortes, pas si désagréables, pas si visibles. Face à un souci, une contrariété, la tentation est grande d'adopter une vision centrée sur l'objectif et de masquer les signaux désagréables qui viennent à eux. Le risque est alors de ne plus être connecté au réel et de s'installer dans un monde imaginaire. Comment alors espérer choisir la solution la plus adaptée à la situation ? Rester centré sur l'objectif tout en se laissant toucher par les signaux qui nous parviennent sont deux aptitudes complémentaires à réunir.

Morts au sommet

Drame sur l'Everest – 10 et 11 mai 1996[35]

Le samedi 10 mai 1996, plusieurs expéditions sont organisées pour atteindre le sommet de l'Everest. L'affluence est record et crée à certains endroits de véritables embouteillages car il est impossible de se dépasser.

Postée au camp 4, l'expédition *Adventure Consultants* entame une tentative d'atteinte du sommet le 10 mai un peu après minuit, imitée en cela par trois autres expéditions.

L'expédition *Adventure Consultants* est composée de 26 personnes et menée par Rob Hall, charismatique guide Néo-Zélandais. Elle compte 8 clients, 3 guides, des sherpas, médecins, etc. C'est la huitième expédition de l'entreprise, tarifée entre 25 000 et 65 000 dollars selon les clients. L'expédition compte aussi un journaliste invité par Robert Hall pour faire le récit de cette expédition et contribuer ainsi à la renommée de la firme.

L'expédition *Mountain Madness* quant à elle, est emmenée par le guide américain Scott Fischer avec ces deux guides expérimentés. On compte aussi une équipe de sherpas. L'expédition compte huit clients.

Pour arriver au sommet et avoir le temps de redescendre au camp, il faut entre 14 heures, pour les plus chevronnés, et 18 heures dans de bonnes conditions. Les expéditions doivent donc partir dans la nuit, vers minuit pour être au sommet vers 14h et avoir le temps de redescendre au camp 4 pour respecter les règles de sécurité. Les consignes de sécurité stipulent qu'il faut être au sommet entre 14h00 et 15h00. Au-delà il faut redescendre quelles que soient les circonstances et la part d'ascension restant à réaliser pour ne pas se retrouver dans la « zone de la mort ».

Les expéditions partent dans la nuit. Mais les premiers embouteillages se font au pied de *l'Hillary step*, escalade d'une douzaine de mètres, seule réelle difficulté technique, mais qui nécessite un équipement en cordes fixes. Cet équipement aurait dû être mis en place par une expédition précédente, mais il n'est pas là. Il faut donc installer les cordes. Le retard et la fatigue commencent néanmoins à s'accumuler, d'autant plus qu'il est impossible de se doubler sur cet étroit chemin et que les plus lents ralentissent tout le groupe.

35. Extrait d'un cas écrit par Stéphanie Chasserio, d'après Soulé Bastien, 2008, « Drame sur l'Everest le 10 mai 1996 : la rencontre d'un aléa météorologique et d'une vulnérabilité organisationnelle », *Revue Assurances et gestion des risques*, avril, vol. 1 (76).

Ainsi Doug Hansen, 46 ans, est employé postal. Il a travaillé nuit et jour pour s'offrir cette expédition. C'est sa seconde expédition, en effet lors de sa première tentative en 1995, il a dû abandonner à 100 m du sommet. Rob Hall a noué des liens forts avec ce client et l'a convaincu de tenter une deuxième ascension. Il veut absolument l'emmener au sommet.

Les retards s'accumulent dans les deux expéditions. À 14h00, trop peu sont arrivés au sommet. C'est alors que le temps change, les vents se lèvent, la tempête s'annonce. La température commence à chuter. Certains clients ont le bon sens de rebrousser chemin en réalisant qu'ils ne pourraient pas être au sommet vers 14 h 00.

Mais Rob Hall est un peu contrarié de ces défections, il sait que l'expédition de Fischer, son rival de toujours, continue d'avancer. Plusieurs clients vont suivre leur guide même après 14h00 (quand bien même les consignes données en début d'ascension insistaient sur le fait qu'il fallait impérativement faire demi-tour si le sommet n'était pas atteint à 14h00). Certains s'en étonnent, mais nul n'ose faire de remarque. D'autres vont poursuivre car bien décidés à atteindre le sommet coûte que coûte. Ainsi, au moment où les conditions météorologiques commencent sérieusement à se dégrader, la plupart des participants amorce tout juste la descente (qu'ils aient préalablement atteint le sommet ou non). Ils se trouvent encore à plus de 8000 mètres d'altitude, la « zone de la mort[36] », dans un état physique et de lucidité variable. À 17h00, le blizzard a fait son apparition, diminuant la visibilité et rendant la route du retour vers le camp 4 difficile à repérer[37]. La température de - 40 va passer à - 60 à 18h00, pour atteindre - 70 le 11 au matin ! Lorsque la nuit est tombée, 27 personnes manquaient encore à l'appel au camp 4. Certaines ont stoppé leur descente à moins de 100 mètres du camp, désorientées et épuisées. Des sherpas, des guides vont tenter l'impossible pour récupérer les clients perdus, fatigués désorientés.

Malgré tout, dans la montagne c'est l'hécatombe.

Le bilan total sera de 12 décès répartis sur les expéditions américaines et indiennes.

36. Même au repos, le corps s'y dégrade du fait du manque d'oxygène, du froid, des vents violents, des difficultés à dormir, respirer, s'alimenter et boire (Raspaud, 2002).

37. L'équipement insuffisant en radios, couplé au caractère obsolète de certaines d'entre elles (notamment au sein de l'expédition *Mountain Madness*), ont été évoqués par certains survivants comme un facteur d'aggravation de la crise (Boukreev & DeWalt, 1999).

À la rencontre de nos émotions

Ne pas vivre sans ou contre nos émotions, mais bien avec elles

Beaucoup se sentent seuls et désemparés devant ce qu'ils perçoivent comme une alternative : succomber à leurs émotions ou les ignorer. Une troisième voie vise à valoriser celles-ci pour en faire réellement une ressource toujours disponible et adaptée à la situation que vous vivez, capable de soutenir et de développer vos performances de dirigeant.

Une même émotion peut s'exprimer de manière très différente en fonction du contexte. Prenons l'exemple de la joie et de la satisfaction suscitées par deux événements distincts. Imaginons d'une part, les retrouvailles avec un ami que l'on n'aurait pas vu depuis longtemps, et d'autre part, la satisfaction occasionnée par une réussite collective. Le contentement s'exprime dans les deux situations mais pas forcément de la même manière. À partir du moment où l'on accepte ses émotions et l'on apprend à les gérer, on découvre une large palette d'expressions possibles. Si l'on est dans l'incapacité de gérer ses propres émotions de manière adéquate, en fonction du contexte et dans le respect des conventions sociales, il sera mal aisé d'entretenir des relations riches et durables avec autrui, autant sur le plan personnel que professionnel.

Nos émotions, source de motivation et d'information

Jean Monbourquette, Myrna Ladouceur et Isabelle d'Aspremont[38] proposent de classer les émotions en huit types.

Nous les regroupons en 2 catégories :

- les **émotions agréables** : Amour – Joie – Force ;
- les **émotions désagréables** : Colère – Tristesse – Faiblesse – Peur – Confusion.

Que faire si l'on se sent envahi, submergé par ses émotions ?

38. Monbourquette J., Ladouceur M., d'Aspremont I.– *Stratégies pour développer l'estime de soi et l'estime du Soi*, Éditions Novalis, 2003, pp. 200-201

Sont-elles mauvaises à certains moments ? Sont-elles utiles ? Si oui, à quoi servent-elles ? Comment les gérer : en les masquant ? en les contrôlant ? en les exprimant ? Comment les exprimer de manière ajustée ? Que risque-t-on à les masquer ? à les nier ? Que gagne-t-on en risquant de les exprimer ?

Atelier – Apprivoiser ses émotions

Prenez un instant de réflexion et remémorez-vous une situation relationnelle récente pour laquelle vous auriez aimé mieux réagir. À l'aide du document en annexe « Nuancier des émotions », mettez en évidence tous les mots qui traduisent ce que vous avez pu ressentir dans cette situation. Prenez votre temps, portez-vous de l'attention. Faites-le avec bienveillance, sans jugement. De la qualité de cette étape dépendra la bonne gestion de vos émotions.
Puis, demandez-vous laquelle parmi ces huit grands types d'émotions (Joie, Amour, Force, Tristesse, Colère, Confusion, Peur, Faiblesse) est apparue la première dans cette situation.
Rappelez-vous vos sensations : que se passait-il dans votre corps ?
Votre rythme cardiaque était-il modifié ? Votre voix a-t-elle changé de rythme, de force, de timbre ? Aviez-vous une sensation de chaleur ou de froid ? Ressentiez-vous des picotements du nez, une contracture de la mâchoire ou musculaire, une brûlure ou un poids, un affaissement des épaules, de l'agitation, les mains moites, une sensation de vide sous vos pieds, les pieds qui ne vous soutiennent plus ? Aviez-vous envie de bouger, de fuir ? Vous sentiez-vous agité ?
En vous remémorant ces sensations, vous élaborez le manuel d'utilisation de votre personne : vous établissez – *via* une émotion – un lien entre un signal (une sensation perçue dans votre corps) et une information.

Le manuel d'utilisation de votre personne

Les constructeurs automobiles ont imaginé qu'il serait pertinent de créer une interface entre le moteur et le conducteur pour apporter à ce dernier des informations utiles pour sa sécurité, celle des autres et celle du véhicule. À cet effet, ils ont conçu le tableau de bord.

Lorsqu'un voyant s'allume ou clignote, bien que cela nous dérange, il ne nous vient pas à l'idée de le masquer avec un scotch opaque. Nous choisissons d'en tenir compte en recherchant l'information utile dans le manuel d'utilisation. Que nous indique ce signal ? De cette information découlent nos comportements.

Notre corps est notre tableau de bord, il nous envoie des signaux en temps réel qui nous informent de l'impact en nous de ce que nous vivons. Nous mettre à son écoute, accueillir ses signaux faibles, en faire notre allié fidèle est la voie royale pour devenir conscient de ses émotions. Vous pourrez être surpris de la pertinence des informations que vous allez recueillir.

Récits d'expérience

André, dirigeant d'une entreprise de travaux publiques dans l'Ouest, établit un lien entre les picotements dans le nez, l'accélération de son débit de parole, de son volume sonore et la colère. Pour Pascale, 38 ans, DGA ce sont les contractures des mâchoires, le regard qui devient noir et les transformations du timbre de voix qui annoncent sa colère. Pour Caroline, les épaules qui tombent, l'envie de s'asseoir évoquent la faiblesse. Établir un lien entre nos sensations et nos émotions, comme pour André, Pascale et Caroline, est une première étape dans la gestion des émotions.

Le Petit Robert définit l'émotion (du latin *ex-movere* qui signifie mouvement vers l'extérieur) comme un état affectif intense, caractérisé par une brusque perturbation physique et mentale. Une émotion est une expérience qui se déclenche dans le corps avec des décharges hormonales entraînant des modifications biochimiques et se poursuit par des réactions physiologiques (pâleur, sueurs, accélération du rythme cardiaque, changement de timbre de voix, etc.), motrices et comportementales (contractures musculaires, tremblements, paralysie, fuite, agitation, hurlements, etc.). Une émotion déstabilise. Le sentiment, plus stable et complexe, est lié à des représentations sensorielles.

Une émotion n'est ni bonne ni mauvaise, elle parle de nos besoins

À la différence d'un comportement, elle n'a pas de valeur morale. Une émotion est agréable ou désagréable. Elle est en lien avec une situation et est déclenchée par un stimulus sensoriel. Ce stimulus sensoriel peut être réel ou imaginaire. Il peut provenir de l'extérieur (vous découvrez les bons résultats du trimestre sur votre tableau de bord) ou de l'intérieur (vous vous rappelez un succès). Dans ces diverses situations, ce sera la même émotion. Prenons conscience au passage de l'enjeu de choisir ce sur quoi nous portons notre attention à l'intérieur de nous. Les peurs imaginaires, par exemple, peuvent être de vraies plaies, avec les mêmes effets que les peurs réelles.

Nos comportements, nos émotions et nos besoins sont reliés. Nos comportements sont la part visible de nous-mêmes. Nos émotions sont tantôt cachées, tantôt visibles. Nos besoins sont profondément inscrits en nous.

Avec des besoins satisfaits, surgissent des émotions agréables, elles-mêmes probablement à l'origine de comportements satisfaisants. À l'inverse, des besoins non satisfaits provoquent des émotions désagréables, à l'origine de comportements insatisfaisants (refoulement ou explosion) chez des personnes qui n'ont pas appris à gérer leurs émotions. Nos comportements (visibles) sont générés pas nos émotions qui traduisent elles-mêmes la satisfaction ou non de nos besoins.

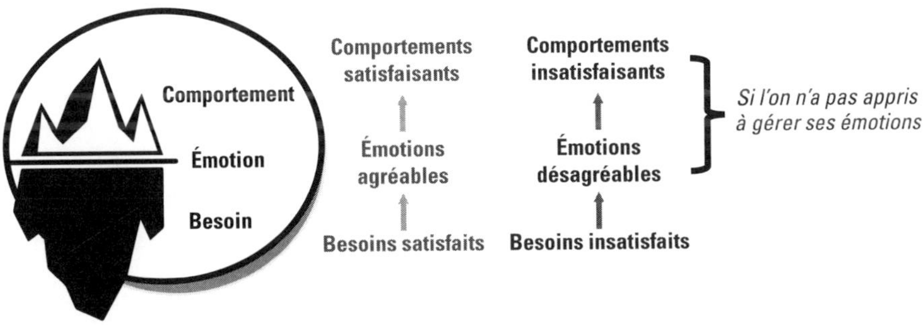

Figure 6.1 – L'iceberg des émotions

Il n'est pas inéluctable qu'une émotion désagréable se traduise par un comportement insatisfaisant. L'intelligence émotionnelle consiste à obtenir des comportements satisfaisants et ajustés quelles que soient les émotions.

La courbe des émotions

La courbe des émotions représente l'évolution de l'intensité de l'émotion au fil du temps. On distingue trois phases : montée en puissance – plateau – résolution.

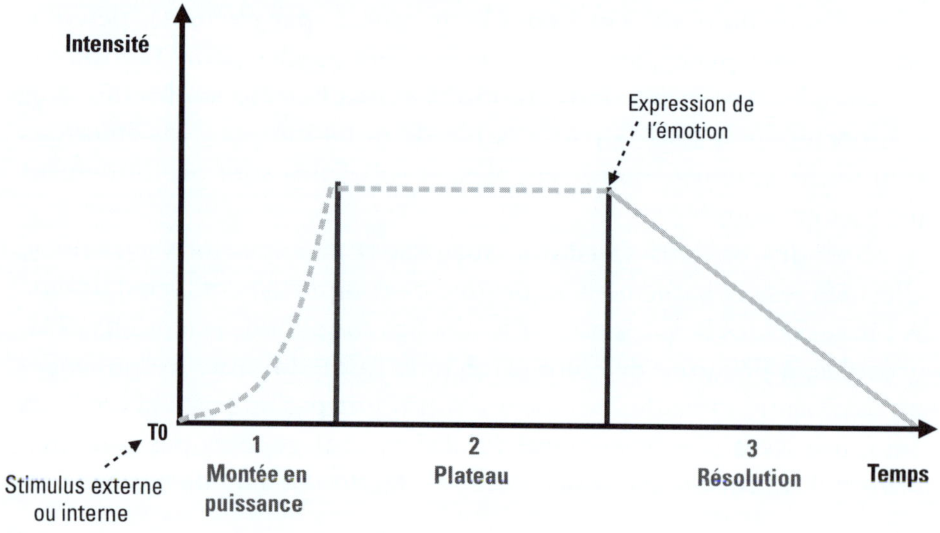

Figure 6.2 – La courbe des émotions

- **Phase #1 : la montée en puissance**

Phase exponentielle pendant laquelle l'intensité de l'émotion s'élève très rapidement. À « T0 » il y a une décharge hormonale qui va se poursuivre le temps de la montée. La décharge hormonale déclenche des manifestations variées, telles qu'une accélération du rythme cardiaque, une sensation de chaleur, des tremblements, une hypertension artérielle, des sueurs, etc.

Maîtriser l'intensité d'une émotion

Agir sur cette phase 1 est très puissant. Cela permet de contrôler l'intensité de l'émotion. Cela suppose que nous ayons une intimité très grande avec notre corps pour percevoir des signaux faibles. Une fois perçus ses propres signaux faibles, nous pouvons maîtriser l'intensité de l'émotion de deux manières :

- En **reprenant le contrôle de notre respiration**. Avec un mouvement d'inspiration et d'expiration volontaire et prolongé sur plusieurs cycles respiratoires.
- En **modifiant notre posture**. Selon la posture que nous adoptons, nous allons pouvoir modifier notre état interne donc nos émotions.

Plus nous agissons tôt après le déclenchement de l'émotion, moins l'intensité de l'émotion est forte. Moins l'intensité est forte, plus facile est la gestion de l'émotion.

▪ Phase #2 : le plateau

L'intensité est stable pendant une durée variable. Le degré d'estime de soi permet de réguler la durée du plateau. Un dirigeant avec une bonne estime de lui pourra étirer un plateau agréable et raccourcir un plateau désagréable. Puis, l'expression de l'émotion va initier la phase de résolution.

▪ Phase #3 : la résolution

C'est une phase de décroissance linéaire dont la durée est liée à la fois à l'intensité de l'émotion et à la durée du plateau. C'est le temps nécessaire à l'organisme pour retrouver ses constantes biologiques de base.

Nous pouvons agir sur les deux premières phases. Nous n'avons aucune prise sur la phase de résolution. Pour vivre au mieux avec ses émotions, il convient d'en prendre conscience rapidement et d'agir vite pour maîtriser la montée en puissance. Agir de manière constructive avec une émotion modérée est bien sûr plus accessible qu'avec une émotion forte qui risque de nous emporter.

Ce qui aide Jérémy dans le recit d'expérience p. 132-133, c'est qu'il est sensible aux premiers signes de sa colère (contractures des mâchoires et des avant-bras), les accepte, prend le contrôle de sa respiration et change sa posture. Tout ceci s'est passé dans un temps très court, durant la phase 1 (montée en puissance) sur le schéma.

En maîtrisant l'intensité de son émotion, Jérémy atteint un plateau modéré (phase 2). Il préserve ses capacités de réflexion et d'analyse. Il fait collaborer son cerveau émotionnel et son cerveau cognitif. Il analyse la situation et recueille l'information de sa colère : « *Je ne me suis pas senti respecté car je n'ai pas pu m'exprimer jusqu'au bout et particulièrement pour indiquer tous les avantages que j'étais prêt à donner en contrepartie du travail du dimanche.* » Jérémy choisit ensuite de tenir compte de son émotion pour passer à l'action et poursuivre l'échange. Il s'exprime en utilisant « je ». Son message est clair, affirmé et sans jugement. C'est ainsi que Jérémy s'est senti, pour la première fois de sa vie, « réellement dirigeant ».

Vivre avec ses émotions : le protocole B.E.IN.G.®

Le protocole B.E.IN.G® est une méthode que nous avons conçue pour apprendre à vivre avec ses émotions et surtout les utiliser pour passer à l'action de manière constructive.

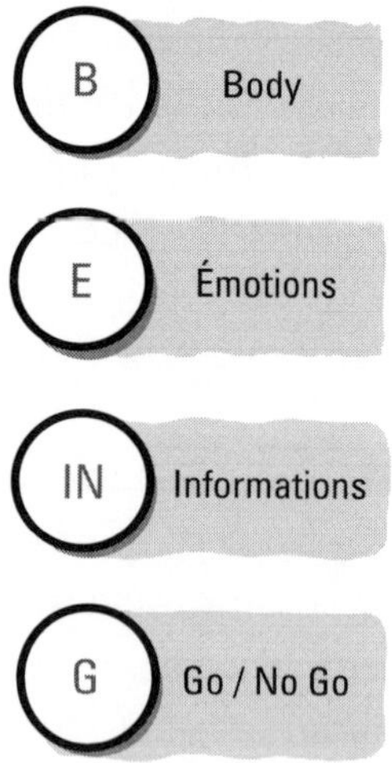

Figure 6.3 – Le protocole B.E.IN.G®

Body : ***Se mettre à l'écoute de son corps.*** L'émotion naît dans le corps. Pendant cette première étape, il s'agit de nous mettre à l'écoute de notre corps et de recueillir ses sensations avec finesse et présence. Notre corps est notre allié fidèle.

Émotions : ***nommer ses émotions.*** Dans la deuxième étape, nous nommons les émotions avec nuances (*cf.* nuancier des émotions en annexe) et mettons en valeur l'émotion première dans la situation. Plus la description des émotions est fine, plus l'information recueillie a de la valeur.

Informations : ***recueillir l'information de l'émotion.*** Une fois l'émotion première nommée, nous recueillons ses informations. Chaque émotion transmet une information précise. C'est à partir de celle-ci que nous pouvons choisir comment passer à l'action.

Go / no go : ***passer ou non à l'action.*** À ce stade du protocole, nous avons recueilli tous les éléments pour choisir ou non de passer à l'action. Dans certaines situations, la conscience de ce que nous ressentons et de l'information que nous en recevons nous suffit. Dans d'autres, nous choisissons de passer à l'action d'une manière ajustée et constructive. Nous exprimons un message en utilisant « je », en commençant par une observation sans jugement ni interprétation, puis nommons notre émotion avec un mot d'explication. Ce dernier n'est pas une justification mais une indication pour que notre interlocuteur puisse nous rejoindre. L'usage de la formulation « comme si ... » permet de mieux se faire comprendre sans juger.

Atelier – Appliquer la méthode B.E.IN.G®

Choisissez une situation que vous avez vécue et que vous voudriez améliorer. Imaginez que vous pouvez la revivre. Que voudriez-vous changer ? Attention, ne recherchez que ce qui dépend uniquement de vous. Il est inutile de vous poser cette question sur des éléments sur lesquels vous n'avez pas le contrôle.
Une fois que vous avez choisi la situation, posez-vous les quatre questions suivantes :

1. BODY. Qu'aviez-vous comme sensation(s) dans votre corps en vivant cette situation ? Comment votre corps vous parlait ? Quels étaient ses signaux ? Peut-être étaient-ils faibles ?

2. ÉMOTIONS. Quelles étaient vos émotions ? (*cf.* Nuancier des émotions en annexe)

À partir du nuancier, lisez attentivement les termes qui sont autant de nuances émotionnelles et relevez ceux qui vous rejoignent dans cette situation précise. Allez-y largement sans vous juger en cherchant à être le plus complet possible (plus précise sera votre description mieux vous gérerez vos émotions).
Puis, nommez l'émotion principale parmi les huit en tête des colonnes. Les autres émotions sont souvent la conséquence de la manière dont vous avez géré la première. Par exemple, si vous n'acceptez pas votre faiblesse et que cette émotion surgit, il se pourrait que la colère arrive. Ce serait une colère contre vous à l'idée de ressentir de la faiblesse. Vous comprenez que la colère dans ce cas n'est pas l'émotion principale à traiter. Il s'agit bien de la faiblesse. Faites-vous confiance.

3. INFORMATIONS. Quelles sont les informations transmises par votre émotion ?

Chaque émotion transmet une information souvent en lien avec la satisfaction ou non de nos besoins. Une émotion agréable procède de besoins satisfaits, une émotion désagréable est le signal de besoin non satisfaits.

• • •

• • •

Tableau 6.1 – Les émotions agréables procédant de besoins satisfaits

ÉMOTIONS AGRÉABLES	BESOINS SATISFAITS	INFORMATIONS
Force	Ressource	Je suis connecté à mes ressources
Amour	Communion	J'accepte la personne telle qu'elle est, je l'aime
Joie	Appartenance	Je suis relié aux autres

Tableau 6.2 – Les émotions désagréables procédant de besoins insatisfaits

ÉMOTIONS DÉSAGRÉABLES	BESOINS NON SATISFAITS	INFORMATION
Tristesse	Appartenance	Je vis une perte, un deuil
Colère Intégrité physique et psychique	Respect/Intégrité physique ou psychique	Je ne me sens pas respecté physiquement, ou moralement
Peur	Sécurité	J'identifie un danger ou une menace
Confusion	Clarté	Je suis dans le brouillard, je manque de clarté
Faiblesse	Ressource	Je ne me sens pas capable, je manque de ressource

4. GO / NO GO. Quelle action voulez entreprendre en lien avec votre émotion ? Voulez-vous passer à l'action ? Si oui, parmi toutes les options possibles pour passer à l'action, choisissez celle qui vous paraît ajustée à votre contexte.

Par exemple : dans votre contexte professionnel, vous allez manifester votre joie par un sourire ou en l'exprimant avec des mots (je suis satisfait, je suis content...) ; en famille et avec vos amis, vous pourrez le faire d'une autre manière.

• • •

• • •

Tableau 6.3 – Agir avec ses émotions

ÉMOTIONS	QUESTIONS POUR PASSER À L'ACTION	SOLUTIONS – ACTIONS
FORCE	Quelles sont les ressources dont je dispose ?	Mettre en œuvre mes ressources...
AMOUR	De qui je me sens accepté inconditionnellement ? A qui est-ce que je veux du bien ?	Manifester mon amour (de manière adaptée au contexte) : paroles valorisantes, gestes d'encouragements, accolades, actions concrètes...
JOIE	À qui est-ce que je me sens relié ?	Sourire, rire, dire ma joie...
TRISTESSE	Quelle perte ? d'un être cher, de travail, de réputation, de capacité, d'un mode de vie, d'un emploi, d'un objet d'une valeur symbolique ...	Dire ma tristesse, pleurer, raconter l'histoire de ma perte...
COLÈRE	En quoi est-ce que je manque de respect dans cette situation ? Qu'est-ce qui menace mon intégrité physique ou morale ? Frustration ?	Exprimer ma colère au mieux à mon agresseur, avec des mots, d'une façon non violente (sans jugement, ni insulte) mais ferme. Poser mes limites. Ex : Je me sens en colère lorsque tu me parles sur ce ton, je ne me sens pas respecté.
PEUR	Est-ce une peur réelle ou imaginaire ? Est-ce une peur projetée sur l'avenir (anxiété), une angoisse (peur que se manifeste un aspect caché de moi).	Exprimer ma peur (si réelle), travailler sur mes représentations (si imaginaire), Si angoisse : qu'est-ce qui est sur le point de se manifester, qui parle de moi et que je veux cacher à tout prix ?
CONFUSION	Quelles sont les options ? Qu'ai-je à clarifier ?	Exprimer ma confusion et préciser les options.
FAIBLESSE	Quelle est la ressource qui me manque ? Sur quelles autres ressources puis-je m'appuyer ? Qui possède cette ressource ?	Je reconnais mon impuissance, mon ignorance, ma vulnérabilité et je l'exprime. Je demande de l'aide sur un point précis.

Les émotions interdites : un trésor à réhabiliter

Lors de la phase d'identification de ses émotions (étape 2 de notre protocole), il convient de bien creuser afin de diagnostiquer l'émotion réelle. En effet, celle-ci peut se cacher derrière une émotion trafiquée qui se manifeste en lieu et place d'une émotion interdite. Il est possible que vous vous soyez interdit certaines émotions du fait de votre histoire familiale, de votre éducation, de circonstances particulières. Par exemple, vous aviez un père qui avait des accès de colère, vous en avez souffert et vous vous êtes interdit, le plus souvent inconsciemment, d'en faire autant. Par la même occasion, vous vous êtes même interdit de ressentir de la colère. Ainsi, lorsque vous vivez un manque de respect – à l'origine de la colère –, vous devez masquer cette émotion et n'avez d'autre option que de la trafiquer, par exemple en tristesse. Gérer la tristesse dans ce cas n'apportera pas les bienfaits attendus car l'émotion réelle, la colère, vous est interdite.

Tableau 6.4 – Identifier ses émotions interdites

Comment reconnaître une émotion interdite ?	Comment reconnaître une émotion trafiquée[38] ?
Elle est peu exprimée, le moins possible.	Elle est souvent exprimée : à chaque fois qu'elle vient masquer l'émotion interdite pour la rendre politiquement correcte et également pour elle-même.
Quand elle est exprimée, la manière ne vous convient pas.	Lorsqu'elle est exprimée, cela ne vous soulage pas et cela ennuie celui qui est avec vous, car ce n'est pas compréhensible.

39. Inspiré de MONBOURQUETTE J., LADOUCEUR M., D'ASPREMONT I., *Stratégies pour développer l'estime de soi et l'estime du Soi*, édition Novalis/Bayard, 2003, pp. 169-170.

On peut trouver tout type d'émotions interdites : force, colère, tristesse, joie... et tout type d'émotions trafiquées. Par exemple : vous ressentez de la colère, vous vous l'interdisez et la trafiquez en tristesse.

Nous avons la possibilité de nous entraîner et de progresser dans la gestion de nos émotions à travers les expériences que nous vivons dans notre quotidien. Sur le plan relationnel, nous avons vécu des expériences mémorables, positives, qui ont laissé en nous des souvenirs agréables. Elles avaient toutes un point commun : elles ont été suscitées par des personnes douées émotionnellement. À l'inverse, il nous est arrivé de vivre des situations très désagréables qui nous ont laissé un goût amer, au contact de personnes se laissant déborder par leurs émotions. Et vous, quelles traces voulez-vous laisser auprès de celles et ceux qui vous entourent ?

Chapitre 7
Bâtir un projet enthousiasmant et partagé

Executive summary

- Les entreprises « vivantes » ont un projet. Elles permettent aux collaborateurs de donner du sens à leur travail, de porter collectivement une ambition et de se projeter individuellement et collectivement dans l'avenir.
- L'une des responsabilités du dirigeant est d'assurer que l'entreprise dispose d'un projet, que toutes les parties prenantes le partagent, en sont promotrices et actrices et enfin que l'entreprise consacre l'énergie et les moyens nécessaires pour que la situation rêvée puisse advenir.
- Comment construire un projet d'entreprise ? En travaillant cinq composantes :
  - l'ambition long terme, nourrie par le rêve, qui sert à tracer un chemin ;
  - la raison d'être qui répond à la question du pourquoi et dans laquelle l'entreprise peut rechercher et développer sa singularité ;
  - les valeurs, qui orientent les comportements et facilitent la vie au quotidien ;
  - les objectifs business, balises bien concrètes sur le chemin de l'ambition long terme ;
  - les chantiers stratégiques, force de poussée, sur le chemin tracé vers les objectifs.
- Les cinq composantes du projet d'entreprise sont aussi cinq drivers de pilotage et de management pour le dirigeant.

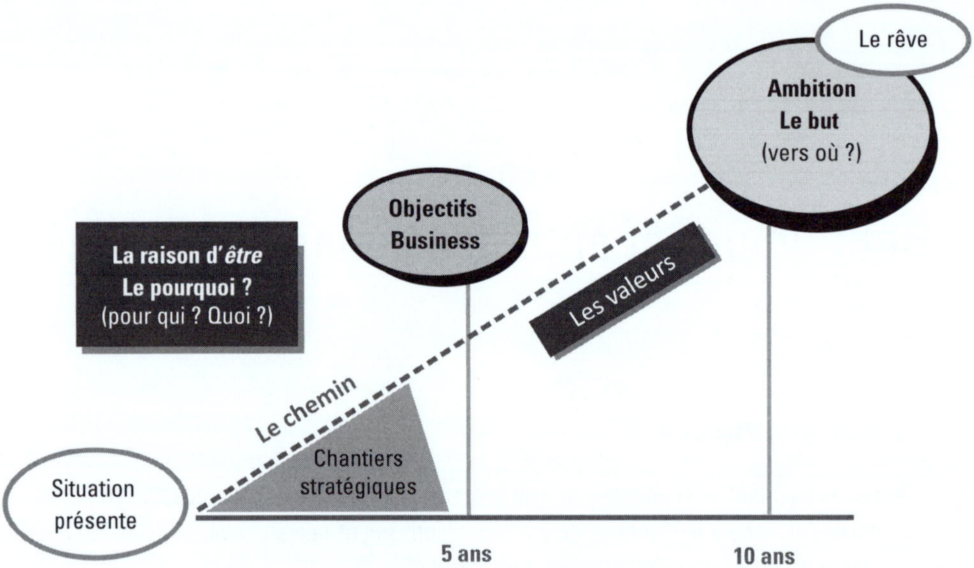

Figure 7.1 – Les composantes d'un projet stratégique

Les enjeux du projet d'entreprise

> « On ne gagne pas parce qu'une stratégie est juste, on gagne parce que tous les acteurs concernés ont une conviction partagée ! »

Vous avez créé une entreprise autour d'un projet. Il vous a probablement fallu le formaliser pour convaincre votre environnement, vos partenaires, vos premiers collaborateurs. Tous (et cela vous a aidé) ont voulu vérifier qu'il existait un marché au-delà d'un besoin détecté. Ils ont voulu s'assurer que votre modèle économique était viable. La traduction chiffrée de l'activité économique et financière de votre entreprise, matérialisée par la rédaction d'un business plan, a nourri la confiance de tous dans la pérennité du projet (même si probablement tous étaient conscients que la réalité serait différente de ces projections).

Ce projet a guidé les premiers pas de l'entreprise et vous a donné un élan formidable pour traverser les premières années et surmonter tous les obstacles qui n'ont pas manqué de survenir. Après quelques années de confrontation à la réalité du marché qui lui-même a évolué, il est très probable que ce projet ne constitue plus réellement un moteur. Vous sentez bien que l'ambition doit être revue, que les projections doivent être actualisées. Vous n'appréhendez plus votre positionnement, les atouts et les faiblesses de l'entreprise comme vous l'aviez fait quelques années plus tôt. Vous sentez que vous avez besoin de donner un nouvel élan à l'entreprise. Si vous avez conscience de cela, c'est que vous êtes réellement un *entrepreneur*.

> Les reprises d'entreprise sont aussi une belle opportunité pour donner un nouvel élan à l'entreprise. De même que la nomination d'un nouveau dirigeant salarié, à condition que celui-ci suscite l'adhésion des actionnaires à ce projet.

Nous sommes effarés de voir tant d'entreprises vivre sans projet ! Elles sont embarquées dans un simple cycle d'exploitation : vendre – produire – facturer – vendre – produire... Leur seule manière d'assurer leur pérennité est d'être sérieuses, de fidéliser leurs clients (ce qui est déjà formidable) et de prier pour que la conjoncture se maintienne ou s'améliore. Dans le meilleur des cas, toute projection dans l'avenir se résume à un budget prévisionnel qui est la reconduction du précédent avec une seule variable : l'évolution du CA (et son impact sur les autres postes). En même temps, elles ne font pas de lien entre ces chiffres et des dispositions à prendre pour les atteindre. Ces entreprises stagnent faute de volonté vraie, faute de sens, faute de perspectives, faute d'enjeux, faute de motivation pour les équipes.

Il y a aussi les dirigeants qui savent très bien où ils veulent conduire l'entreprise. Ils le savent tellement qu'ils pensent que tous leurs collaborateurs le savent aussi ! Ils se lamentent sur le fait que ceux-ci ne prennent pas assez d'initiative, ils déplorent un manque d'engagement.

Pour transformer les obstacles en opportunités, il faut un projet fort, partagé pour que chacun sache où l'on va. Il est temps de soulever une question fondamentale que posent parfois les dirigeants : est-ce une obligation de se développer ? Certes non. Il est en revanche nécessaire d'évoluer et de s'adapter, car le monde, lui, évolue et l'environnement de l'entreprise change. Une entreprise qui ne s'organise pas pour s'adapter en continu risque de perdre sa raison d'être, sa pertinence. Et c'est bien au dirigeant que revient cette responsabilité de la pérennité de l'entreprise. Dès lors que l'entreprise s'organise pour s'adapter, si elle rencontre un marché porteur, elle a des chances de se développer.

Au sujet de la croissance, on trouve chez les dirigeants, deux écoles : ceux qui sont centrés sur des objectifs de croissance et mettent l'entreprise en ordre de marche pour les atteindre ; ceux qui s'intéressent surtout à la performance de l'entreprise et voient la croissance comme la résultante de celle-ci. C'est important pour vous d'être conscient de votre approche sur ces sujets. Quelle qu'elle soit, vous éprouvez le besoin de doter votre entreprise d'un projet. De même que les personnes « vivantes » donnent du sens à leur vie, ont des envies et engagent des projets, les entreprises « vivantes » ont un projet. Elles permettent aux collaborateurs de donner du sens à leur travail, de porter collectivement une ambition et de se projeter individuellement et collectivement dans l'avenir. Un projet d'entreprise doit être enthousiasmant, déployable et partagé. Il doit donner envie de se lever le matin. Il doit susciter la fierté. Qui doit construire le projet de l'entreprise ? De quoi est-il fait ? Comment s'y prendre concrètement ?

Qui doit construire le projet de l'entreprise ?

La réponse à cette question est vaste. Parce qu'elle dépend du modèle d'entreprise, de sa structure, de sa culture, de la volonté d'implication des actionnaires. Nous y avons apporté des réponses dans le chapitre sur la mission du dirigeant. Ce qui est certain, c'est que ceux qui sont le plus souvent oubliés, sont celles et ceux qui seront les plus importants pour sa mise en œuvre, celles et ceux qui vivent la réalité de l'entreprise au quotidien et la connaissent le mieux, celles et ceux qui sont le plus en contact avec les clients et qui sont aussi celles et ceux dont l'entreprise est souvent le seul gagne-pain : les salariés.

Il y a pourtant des entreprises – comme le Groupe Adeo (100 000 collaborateurs) et sa filiale principale Leroy-Merlin – qui engagent régulièrement tous leurs salariés dans un processus de vision. Retenons que tous les acteurs internes ou externes en capacité de nourrir le projet de l'entreprise peuvent être contributeurs. Leur nombre n'est pas limité en soi. En pratique, il dépend des capacités d'animation dont on peut se doter pour l'exercice.

Une fois le projet construit et formalisé, on s'arrête pour le valider. « On », c'est-à-dire les instances de gouvernance chargées d'arrêter les orientations générales : le conseil d'administration ou son équivalent, parfois l'assemblée générale des actionnaires ou des adhérents (dans le cas d'organisations associatives).

L'une des responsabilités du dirigeant est d'assurer que l'entreprise dispose d'un projet, que toutes les parties prenantes le partagent, en sont les promotrices et les actrices, que l'entreprise consacre l'énergie et les moyens nécessaires pour que la situation rêvée puisse advenir.

Les composantes d'un projet d'entreprise

> « La vision est à ramasser par terre (elle est déjà préexistante dans l'organisation, il y a les germes), ensuite on l'envoie au ciel, on en parle et tout le monde a l'impression qu'elle descend du ciel. Une vision sans le début d'un chemin n'a aucune valeur. »
>
> Emmanuel Grenier[40]

Un projet d'entreprise est composé de cinq éléments constitutifs que nous allons présenter et commenter. Nous apporterons ensuite des nuances, car l'importance et le poids de chacun d'eux dans le projet dépend beaucoup du modèle d'entreprise.

L'ambition et le rêve

L'ambition est une situation valorisante de l'entreprise projetée dans l'avenir. Lorsque vous avez créé votre entreprise, votre ambition pour elle était pleinement nourrie de votre rêve d'entrepreneur. Le rêve de l'entrepreneur-créateur et son ambition pour l'entreprise se confondent. Cette ambition n'est pas forcément seulement une histoire de taille, de chiffre d'affaires, de parts de marché, d'effectifs, de périmètre géographique. Le rêve peut concerner le modèle d'entreprise auquel on aspire, le type de relations qu'on souhaite y vivre, la qualité des produits et services apportés au monde, une reconnaissance de l'entreprise et de ses équipes... Après quelques années, il est juste que l'ambition soit nourrie des rêves de ceux qui la projettent et s'y projettent, au-delà de la seule personne de son fondateur et ultérieurement de ses successeurs. Cette dimension

40. GRENIER E., CEO de Cdiscount, conférence annuelle de 50 Partners, 2021. Inspiré des incubateurs anglo-saxons, 50 Partners est un programme d'accompagnement proposé par des entrepreneurs expérimentés (Blablacar, LeBonCoin, PriceMinister, etc.) et destiné à soutenir une sélection de jeunes sociétés en amorçage.

du rêve qui alimente l'ambition fait qu'on utilise parfois le terme « vision » à propos de l'ambition.

Définir l'ambition à 3 ans ou 5 ans n'est pas une bonne idée. Les contraintes d'aujourd'hui que l'on connaît trop bien brideraient notre capacité à rêver. C'est pourquoi un travail sur l'ambition se fait plutôt à 10 ans. Bien évidemment, les contours seront un peu flous. Lorsqu'on se réveille le matin, nos rêves nous paraissent bien souvent loufoques. Nous avons fait des rencontres improbables, vécu des situations absurdes... C'est cela aussi la force des rêves, y compris au service de l'ambition de l'entreprise.

Seule une grande ambition peut nous mettre en mouvement. « *Plus notre ambition est grande, plus on a des chances de l'atteindre* », indique Michel Leclercq, fondateur de Décathlon. Plus l'écart est grand entre la situation dont on rêve et la situation d'aujourd'hui, plus on crée une différence de potentiel, plus « on met l'élastique en tension » et plus on génère de l'énergie. Et plus il va falloir être malin, inventif, créatif pour atteindre cette situation avec des moyens modestes.

Mais alors, si l'on rêve vraiment en définissant une ambition et que 10 ans plus tard on ne l'atteint pas, ne va-t-on pas créer une frustration et de la perte de confiance collective ? La réponse est non, si l'on donne à l'ambition sa juste place dans le projet de l'entreprise.

Le principal intérêt de définir une ambition est de pouvoir tracer un chemin. Ce n'est pas le but qui est important, c'est le chemin. Avec un but, on oriente les forces au quotidien. On facilite les choix face aux opportunités qui se présentent. Cela ne veut pas dire qu'on va suivre bêtement le chemin. D'ailleurs, le chemin parcouru est souvent différent du chemin tracé lors des réflexions stratégiques. Mais cela ne veut pas dire qu'on a oublié le but.

Ainsi, en définissant une ambition, on répond à la question « vers où ? ». Définir une ambition est nécessaire, mais pas suffisant. L'ambition ne répond pas à la question du sens : pourquoi ? Nous connaissons ces histoires de grands sportifs ou de grands chefs de cuisine qui visaient le titre mondial ou les étoiles dans les guides gastronomiques. Portés par cette ambition magnifique, ils ont consacré une partie de leur vie à tout faire pour la satisfaire. Ils ont sacrifié des choses importantes au nom de cette ambition. Et le jour où leur rêve est atteint, certains ont perdu toute raison de vivre, entrant parfois en dépression. Ils avaient assimilé le sens de leur vie à ce but. Une fois ce but atteint, à quoi bon vivre ?

Il en est de même pour l'entreprise. Sauf qu'une fois les objectifs atteints, on se redonne des objectifs encore plus forts. Il est certain que beaucoup d'entreprises réussissent ainsi, illustrant bien la puissance de l'ambition. Cependant, à ne fonctionner qu'avec des buts successifs, de loin en loin, on a des chances d'épuiser ceux à qui on demande le plus d'efforts, surtout si la forte exigence se double d'un défaut de reconnaissance. Les nouvelles générations qui arrivent dans les entreprises adhèrent de moins en moins à cette seule approche par les objectifs toujours repoussés plus haut et veulent comprendre le sens de leurs efforts. Voilà pourquoi, la vraie question du sens est nourrie par la raison d'être de l'entreprise.

La raison d'être

« Quelle est votre raison d'être ? Donner à vos collaborateurs l'envie d'être là », titrait la revue *Harvard Business Review France* dans son édition d'août-septembre 2020. Qu'est-ce qui fait que notre entreprise mérite d'exister ? Quels bénéfices apporte-t-elle au monde ? à qui particulièrement ? Si notre entreprise disparaissait, y aurait-il du monde pour la regretter ? Quelles sont les singularités de notre entreprise qui la rendent irremplaçable ? Voilà des questions auxquelles fait écho la raison d'être de l'entreprise (on parle parfois de mission). C'est elle qui donne le sens (le pourquoi). Pas pour le plaisir de philosopher ! La raison d'être de l'entreprise doit s'incarner dans les produits et services qu'elle délivre, dans ses processus, dans la nature des relations qu'elle tisse en son sein et avec son environnement.

La raison d'être a une traduction marketing très directe. D'ailleurs, la baseline de l'entreprise est souvent une formulation contractée de sa raison d'être. Vous pouvez par exemple regarder la vidéo mise en ligne par Décathlon en décembre 2018, dans laquelle sa baseline – *Sport for the many* –, directement tirée de sa raison d'être, est présentée[41].

Nous vous invitons à formuler la raison d'être, de votre entreprise et à en faire la colonne vertébrale de votre développement. Mais attention, la raison d'être ne décrit pas le métier. Le métier se décrit par les activités qu'il met en œuvre. La raison d'être se formule en bénéfice pour les autres et pour le monde. Pour autant, il est important, dans la formulation de la raison d'être de faire référence au métier pour la rendre compréhensible et singulière.

Il n'est pas si facile de formuler la raison d'être de l'entreprise. On doit souvent s'y prendre à plusieurs fois avant de trouver une formule riche, compacte, singulière qui nous fasse dire « waouh, ça c'est bien nous ! ». La perfection, c'est quand il n'y a plus rien à retirer.

Puisqu'il n'est pas aisé de répondre à la question « pourquoi ? », on peut commencer l'exercice en scindant l'interrogation en « pour-quoi ? ». Et même en « pour qui ? Quoi ? ». « *Notre raison d'être est de bien servir nos clients* » est le type même de formulation plate à éviter. Elle est compacte, mais ne répond absolument pas à la fonction de singularisation.

En 2020, nous avons décidé de reformuler la raison d'être du Campus des Dirigeants, en commençant par solliciter nos clients à travers une enquête. Nous leur avons proposé de nous écrire la raison d'être du Campus. Leurs contributions nous ont conduits à une formulation plus audacieuse que celle que nous aurions osé écrire : « *Révéler les dirigeants à eux-mêmes, les éclairer et les renforcer pour développer des entreprises performantes, humaines et bénéfiques pour le monde.* »

41. Décathlon, « Sport for the many : notre sens », Youtube, 05/12/2018.

Un jour, Anne, dirigeante CEO d'un important cabinet RH, nous dit : « *J'ai horreur de la manière dont on nomme notre métier : chasseur de têtes. C'est épouvantable et tellement réducteur par rapport à la manière dont nous vivons notre métier !* » Nous l'avons invitée à reformuler, avec son équipe, la raison d'être de son cabinet. Elle est revenue quelques semaines plus tard, heureuse d'avoir pu faire aboutir ce travail avec son équipe, qui s'est accordée sur cette formulation de la raison d'être de leur entreprise : « *Provoquer les rencontres les plus prometteuses entre les entreprises et les talents* ». Rien d'autre n'avait changé pour eux. La seule formulation de la raison d'être avait ravivé leur fierté au travail. On imagine aussi combien leur discours marketing et commercial pouvait s'en enrichir.

L'entreprise qui formule explicitement sa raison d'être (sa mission) nourrit le sens de l'engagement, fait de ses collaborateurs des missionnaires et non pas des mercenaires.

LES ENTREPRISES À MISSION

« Entreprise à mission » est un terme générique qui désigne une classe de nouvelles formes de sociétés commerciales. Adoptées dans le droit de plusieurs pays et malgré des différences de statuts, elles ont en commun :

- d'inscrire une mission en clair dans les statuts de l'entreprise (avec des règles contraignantes pour la modifier) ;
- d'engager formellement les actionnaires à respecter cette mission ;
- de mettre en place des mécanismes de contrôle, de gouvernance et d'évaluation spécifiques pour assurer et démontrer le respect de cette mission.

Dans ce mouvement, la loi PACTE, adoptée par l'Assemblée nationale le 11 avril 2019, et promulguée le 16 mai 2019, a introduit en France de nouvelles dispositions réglementaires relatives à la question de la mission de l'entreprise, avec la volonté de repenser la place des entreprises dans la société.

L'article 169 propose une modification de la définition de l'objet social de l'entreprise dans le Code civil donnant ainsi la possibilité aux entreprises volontaires de se doter d'une raison d'être.

L'article 1835 (chapitre 1er du titre IX du livre III du Code civil) est complété par une phrase ainsi rédigée : « *Les statuts peuvent préciser une raison d'être, constituée des principes dont la société se dote et pour le respect desquels elle entend affecter des moyens dans la réalisation de son activité.* »

La raison d'être est apparue pour la première fois dans le rapport Notat-Sénard « L'entreprise objet d'intérêt collectif » en date du 9 mars 2018 :

« *La raison d'être exprime ce qui est indispensable pour remplir l'objet de la société. Cet "objet social" étant devenu un inventaire technique, il est nécessaire de ramasser en une formule ce qui donne du sens à l'objet collectif qu'est l'entreprise. C'est un guide pour déterminer les orientations stratégiques de l'entreprise et les actions qui en découlent. Une stratégie vise une performance financière mais ne peut s'y limiter. La notion de raison d'être constitue en fait un retour de l'objet social au sens premier du terme, celui des débuts de la société anonyme, quand cet objet était d'intérêt public. De même qu'elle est dotée d'une volonté propre et d'un intérêt propre distinct de celui de ses associés, l'entreprise a une raison d'être.* »

Dans ce modèle d'entreprise à mission, les dirigeants et les parties prenantes sont engagés ensemble autour de grandes orientations définies en commun autour de la raison d'être. Les dirigeants peuvent, de façon plus assurée face aux actionnaires, mettre en œuvre les dispositions et engagements résultant de cette raison d'être.

Les valeurs

Il est devenu maintenant usuel d'identifier et de promouvoir les valeurs d'une entreprise. Néanmoins, cela reste encore souvent un exercice de style intellectuel. Et quand elles sont identifiées et promues avec conscience, les vivre concrètement est toujours exigeant. Car les valeurs concernent les comportements et orientent les décisions, parfois des décisions majeures et engageantes pour l'entreprise. Les valeurs peuvent entrer en conflit avec d'autres intérêts. Tout écart par rapport aux valeurs promues se voit comme un bouton sur le nez, discréditant celui qui fait l'écart, surtout s'il est le principal promoteur de ces valeurs.

Les valeurs d'un groupe, que ce soit une famille, une entreprise, un pays se traduisent en comportements fondamentaux développés et promus en son sein et qui en facilitent le fonctionnement. Les valeurs du groupe et les comportements induits par ces valeurs sont des éléments clés de sa culture.

Il ne s'agit pas de *doter* l'entreprise de valeurs. Ces valeurs existent même si elles n'ont pas été identifiées et formalisées. Elles sont. Les valeurs d'une entreprise sont bien souvent celles de son fondateur, que celui-ci ait été conscient ou non de son impact. Il suffit de les identifier. En les énonçant, on les met en lumière, on les partage plus visiblement et on les renforce.

En entreprise, il est important de distinguer valeurs et comportements induits par ces valeurs. C'est sans doute excessif (et illusoire) d'obliger tous les salariés à adhérer à des valeurs. Chacun d'eux arrive avec son histoire et ses propres valeurs. En revanche, chacun peut comprendre que se mettre d'accord sur des comportements recherchés facilite la vie au quotidien. Ces comportements recherchés sont un peu comme les glissières de sécurité, de part et d'autre de l'autoroute. Elles permettent d'aller plus vite, en confiance. Voilà pourquoi nous pensons qu'il est moins intrusif et plus pédagogique de formuler les valeurs de l'entreprise à travers les comportements qu'elles induisent.

Voici par exemple comment une entreprise spécialisée dans la communication événementielle développe l'une de ses valeurs, l'honnêteté :

> *« Nous voulons vivre l'honnêteté chacun vis-à-vis de lui-même, entre nous et dans nos rapports avec toutes nos parties prenantes.*
>
> *Se comporter avec honnêteté vis-à-vis de soi-même, c'est s'entraîner à s'autoévaluer de façon juste dans son travail et dans ses comportements.*
>
> *Se comporter avec honnêteté entre nous, c'est reconnaître les faits comme ils sont, sans chercher à les masquer, ni à les déformer. C'est rechercher des relations vraies. C'est pouvoir traiter de tous les sujets utiles à l'entreprise et à la communauté que nous formons – y compris des sujets difficiles – dans le respect des personnes.*
>
> *Se comporter avec honnêteté vis-à-vis de toutes nos parties prenantes, c'est intégrer leur intérêt dans toutes les décisions que nous prenons, quelle que soit leur importance et à quelque niveau que ce soit dans l'entreprise. »*

▪ Les valeurs et comportements fondamentaux d'une entreprise sont-ils inscrits dans le marbre ? Peut-on y toucher ?

Même s'ils sont identifiés et partagés, les valeurs et comportements fondamentaux de l'entreprise sont influencés par les personnes qui s'y succèdent et par les époques que traverse l'entreprise. Il ne peut y avoir de membrane étanche entre la culture de l'entreprise et celle de la société en général. Voilà pourquoi, les valeurs et comportements fondamentaux de l'entreprise ne sont pas, par principe, immuables. Ils peuvent évoluer et on peut les revisiter de loin en loin, sans culpabilité à l'égard du fondateur.

Mais attention, ce n'est pas un exercice anodin. Selon les modèles d'entreprise, les composantes du projet d'entreprise (ambition, raison d'être, valeurs et autres que nous décrirons plus loin) prennent plus ou moins d'importance. Dans les organisations à but non lucratif par exemple, la raison d'être et les valeurs prennent une place majeure dans le projet. En touchant aux valeurs on risquerait de retourner le modèle.

Réseau Entreprendre a été fondé en 1986 par une poignée de personnes autour d'André Mulliez[42] et Marc Saint Olive avec l'idée que pour créer des emplois, il faut créer des employeurs, donc accompagner vers la réussite des entrepreneurs significativement porteurs d'emplois. Et cet accompagnement est fait par des chefs d'entreprise qui se comportent en mentors.

Réseau Entreprendre s'appuie sur un triptyque fondamental :

- L'important, c'est la personne : avant de regarder la qualité du projet, on s'intéresse à la personne qui le porte.
- Le principe, c'est la gratuité : gratuité pour le bénéficiaire (prêt d'honneur à taux zéro, gratuité de l'accompagnement) et démarche gratuite de celui qui accompagne (pas de prise d'intérêt).

42. André Mulliez a fondé Nord Entreprendre en 1986. Il venait de licencier 600 personnes chez Phildar dont il était le président. Cette décision avait été un traumatisme pour l'entreprise et pour lui-même. Son sens de la responsabilité sociétale l'a conduit à créer, avec Marc Saint Olive, une association dans le nord, qui a essaimé depuis dans toute la France et dans une dizaine de pays en devenant Réseau Entreprendre.

- L'esprit, c'est la réciprocité : chaque entrepreneur accompagné prend l'engagement moral de rendre, plus tard à d'autres, ce qu'il reçoit aujourd'hui. Ainsi, il devient « le maillon d'une chaîne et non pas un cul-de-sac », selon les mots d'André Mulliez.

Ces trois éléments que Réseau Entreprendre appelle ses valeurs, n'ont pas été décrétés avant de lancer la première association en 1986 dans le nord. André Mulliez raconte que les fondateurs ont « commencé par faire » et c'est tout en faisant qu'ils ont réfléchi à ces principes qui se sont révélés efficaces au regard de la raison d'être de Réseau Entreprendre.

Régulièrement, Réseau Entreprendre est interpellé en son sein sur ces principes fondateurs, notamment par de nouveaux membres qui arrivent. Le principe de gratuité qui, de facto, prive les membres de l'association – ceux qui accompagnent les entrepreneurs – de la capacité d'investir dans les sociétés des lauréats de Réseau Entreprendre, est régulièrement remis en question : *« N'est-ce pas dommage de ne pouvoir mettre à disposition de projets qui en ont besoin les capacités d'investissement des membres de l'association ?* ». Réseau Entreprendre sait très bien que s'il renonçait à ce principe, il deviendrait du jour au lendemain le plus grand réseau de *business angels* de France et peut-être du monde. Ce qui en soi n'aurait absolument rien de dégradant bien sûr, mais serait tout autre chose.

Ce n'est pas par loyauté envers André Mulliez que Réseau Entreprendre conserve ses principes d'action. À plusieurs reprises, il les a courageusement revisités dans son histoire. Mais chaque fois, Réseau Entreprendre a réalisé encore plus fortement que ces principes d'action qu'il présente comme ses valeurs nourrissent aussi son identité, sa singularité, sa raison d'être, son positionnement et son efficacité. Ses valeurs sont bien plus qu'une culture. Elles font son modèle.

Si vous souhaitez revisiter les valeurs de votre entreprise, rappelez-vous que – hors crise dans l'entreprise directement imputable aux valeurs – il ne s'agit pas d'introduire de nouvelles valeurs et comportements fondamentaux, mais plutôt de repérer les valeurs et comportements qui nous ressemblent le plus aujourd'hui et qu'on veut promouvoir collectivement. Et ce travail n'est certainement pas à faire tous les ans.

▪ Les dangers inhérents à une considération absolutiste des valeurs au sein de l'entreprise

La psychologie nous a appris que les valeurs et comportements encouragés par une famille agissent avec un double effet. D'une part, ils favorisent le développement de ces comportements chez ses membres qui voient là un moyen d'être accepté, apprécié et aimé. D'autre part, ils favorisent le développement d'une ombre[43] dans la personnalité et dans la famille. Si par exemple dans une famille, on promeut le comportement serviable et le dévouement aux autres, il est probable que l'attention à soi et à ses propres besoins soit peu développée chez ses membres et constitue une part d'ombre pour ceux-ci. Le risque est alors que cette ombre devienne un jour virulente chez l'un d'entre eux et s'exprime de manière peu ajustée. De la même manière, si une valeur est érigée en absolu dans l'entreprise, elle risque de créer une ombre en son sein et de se manifester chez tel ou tel collaborateur, générant un conflit. La tentation est de se séparer de ce dernier puisqu'il manifeste le contraire de ce qui est promu en interne. Il serait dommage d'en rester là. Un comportement « antivaleur » est une invitation à se questionner : n'avons-nous pas poussé à l'extrême la valeur en question dans l'entreprise, au risque d'un déséquilibre ?

Ce sujet mériterait de plus amples développements. Retenons que mettre en exergue des valeurs au sein de l'entreprise oriente les comportements et facilite la compréhension mutuelle. Sacraliser les valeurs peut générer des effets contraires par des mécanismes psychologiques individuels ou collectifs complexes, et exposer à de lourdes déceptions.

---

43. Cette notion est abordée au chapitre 8 – Se révéler à soi-même/accéder à son ombre.

En présentant l'ambition, la raison d'être, les valeurs et comportements fondamentaux, nous avons été amenés à philosopher. Un projet d'entreprise, même s'il se nourrit de sens, n'est pas que philosophie. Entreprendre, entrepreneur, entreprise, c'est aussi le business avec ses réalités humaines, matérielles, économiques et financières.

Les objectifs business

Les objectifs business représentent des buts, comme l'ambition. On pourrait parler aussi d'objectifs généraux ou objectifs stratégiques[44]. Avec l'ambition, nous étions dans le long terme (projection à dix ans). Elle était largement nourrie par le rêve. Nous situons les objectifs business plutôt à cinq ans. Ils marquent les étapes sur le chemin de l'ambition. Ils peuvent être quantitatifs et qualitatifs (décrivant une situation). Ils constituent une composante du plan moyen terme. Ils sont le point de départ du cycle de gestion orienté résultats.
Deux approches permettent de définir ces objectifs business :

- la projection dans l'avenir à partir de la situation présente ;
- la projection dans le passé à partir d'une ambition à dix ans (on peut dire une *rétrojection*).

La première approche est celle employée par les entreprises qui ne travaillent pas leur ambition à long terme. Elle est pragmatique. Ce n'est pas le rêve qui la porte. Le résultat en est très conditionné par la conscience de la situation présente et par des impératifs donnés par l'une ou l'autre des parties prenantes, souvent l'actionnaire d'ailleurs. La seconde découle du travail sur l'ambition à long terme.

La méthodologie[45] suivante est couramment utilisée avec des modalités particulières selon l'effectif des contributeurs :

44. Les entreprises et organisations de l'économie sociale et solidaire se retrouvent moins dans le terme « objectifs business ». Leurs objectifs concernent leur impact mais n'excluent pas d'ailleurs leur capacité économique et financière.
45. Visconti Partners l'a formalisée sous l'appellation « Méthode Gandalf », du nom du magicien dans la saga culte *Le Seigneur des Anneaux*.

Tracer l'ambition à dix ans. Se projeter mentalement et collectivement à dix ans, décrire au présent, comme si nous y étions vraiment, l'entreprise telle que nous la rêvons.

Définir les objectifs business. Nous sommes toujours dans le futur (dix ans). Nous regardons vers le passé pour voir où en était l'entreprise cinq ans auparavant. Nous décrivons cette situation de manière quantitative et qualitative. Ce faisant, nous répondons à la question : qu'est-ce qui dans la situation d'il y a cinq ans a rendu possible que notre ambition soit aujourd'hui réalité ?

C'est en général à ce moment, quand on revient dans le présent, qu'on est atteint d'un vertige. Pour atteindre notre ambition à dix ans, nous devrons donc en être là dans cinq ans. Mais c'est aussi là qu'on mesure la puissance du travail sur l'ambition et la nécessité d'engager sérieusement, dès à présent, les chantiers stratégiques.

Les chantiers stratégiques

L'ambition, les objectifs business ainsi que la raison d'être mettent l'entreprise en tension entre la situation d'aujourd'hui et une situation désirée. Beaucoup d'entreprises s'en tiennent à cela et considèrent qu'elles ont élaboré un projet stratégique. Comment imaginer pourtant qu'en se contentant de piloter l'exploitation de l'entreprise on engage le chemin vers l'ambition ? Par quel heureux hasard le chemin pourrait-il nous conduire à atteindre notre ambition dans dix ans ?

Ce qui manque parfois, ce sont les chantiers majeurs qui vont permettre à l'entreprise de passer de la situation d'aujourd'hui à la situation cible. On peut les appeler les chantiers stratégiques. Et ces chantiers, même s'ils sont nés d'un travail sur l'ambition à dix ans, sont des chantiers pour aujourd'hui. De leur choix, de la qualité de leur mise en œuvre, de leur rythme dans les prochains mois et les toutes prochaines années dépendent les chances d'atteindre notre ambition. Ces chantiers stratégiques sont comme le processus d'allumage des moteurs de la fusée. Ils vont consommer dans les premiers instants la plus grande part de l'énergie nécessaire pour mettre le satellite sur orbite.

Comment les identifier ? Après avoir travaillé l'ambition à long terme et les objectifs business à moyen terme, vous et votre équipe saurez identifier les actions critiques à mettre en place et le cas échéant des activités à arrêter. Ce travail est à faire collégialement. Au départ, ce travail d'identification doit être fait dans un spectre large. Puis, vous devrez, le cas échéant, trier en fonction des priorités : quelles sont les plus petits pas qui vont nous faire réaliser les plus grands changements ? Une fois ce tri effectué, vous pourrez regrouper les actions par catégorie. On retrouve souvent des catégories telles que développement international, numérique, révision de l'offre, RH/formation, croissance externe, partenariats, financement... Tout dépend de votre contexte.

Ces catégories deviennent alors les chantiers stratégiques de l'entreprise. Il est prudent de limiter le nombre de ces chantiers à cinq.

Nous avons vécu personnellement une expérience dans laquelle nous portions une quinzaine de chantiers. Non seulement, il était très difficile de les piloter et de mobiliser des acteurs pour tant de chantiers. Mais nous avons aussi constaté que les énergies, mois après mois, se sont concentrées sur cinq chantiers seulement. Laissant ainsi un petit goût amer sur les travaux entamés non achevés dans les délais.

Si le nombre d'actions à mettre en œuvre est très important, essayez donc d'en regrouper sur cinq chantiers majeurs maximum. Il est plus efficient, en termes de communication et de pilotage, de porter en parallèle cinq chantiers (avec sous-chantiers si besoin) plutôt que quinze. Les chantiers à retenir en priorité sont ceux qui ont le plus d'impact pour atteindre les objectifs stratégiques à cinq ans. Une fois ces chantiers définis, ils constituent des projets en tant que tels. On entre dans la gestion de projet avec ses composantes cadrage de chantier, staffing, planification, pilotage, management, communication.

Le suivi des chantiers stratégiques fait généralement partie des sujets particulièrement suivis en comité de direction et au conseil (conseil d'administration, conseil de surveillance, comité stratégique, etc.). Un point clé est de veiller à la conciliation entre l'impact de chacun des chantiers et les objectifs business à cinq ans.

En fonction de la culture de l'entreprise et de son style de dirigeant, vous opterez pour des modalités de travail top-down ou plus libérantes.

- Dans le **mode top-down**, les drivers sont l'organisation et les compétences. On nomme les pilotes de chantier. On désigne un Program Management Officer.
- Dans le **mode « libéré »**, le driver est le plaisir. On fait appel au volontariat. On s'organise en mode tribus avec des responsables élus. Les avantages sont l'autonomie, l'énergie, l'esprit intrapreneurial, la valorisation des savoir-être, la destruction créatrice[46]. Les inconvénients sont les efforts de formation par rapport à l'autonomisation, la nécessité de sortir des postures de salarié, la perturbation que peut créer un manque de cadre. Tout cela dépendra de vos convictions, de la culture de l'entreprise et de l'orientation que vous voulez lui donner.

Le moment où l'on prépare les chantiers stratégiques est bien souvent anxiogène. Parce qu'on est parti d'une ambition à dix ans, dans laquelle le rêve avait pris une bonne part (et nous avons vu combien c'était bénéfique et enthousiasmant). De cette ambition ont découlé des objectifs intermédiaires à cinq ans qui probablement sont, de fait, ambitieux aussi. En revenant à la réalité de la situation d'aujourd'hui, à la conscience des moyens dont l'entreprise dispose, les équipes sont souvent troublées : les uns sont excités, d'autres sont inquiets, d'autres enfin sont dubitatifs. Allons-nous réussir ?

Voilà pourquoi, en tant que dirigeant, vous pourrez rappeler que l'ambition a surtout pour vertu de nous permettre de tracer un chemin (une direction et une pente). Le projet dans toutes ses composantes est construit dans le but de faire évoluer l'entreprise, c'est-à-dire s'adapter à son environnement et au monde. Il est aussi fait pour chercher à satisfaire toujours mieux l'ensemble des parties prenantes, pour nous permettre de

46. Expression de Joseph Schumpeter (1883-1950).

donner le meilleur de nous-mêmes et pour apprendre. Cela signifie que le plus important est ce que nous allons vivre jour après jour, pas le but.

Le business plan est la traduction chiffrée du projet d'entreprise, construit autour d'une raison d'être, de valeurs, d'une ambition, d'objectifs business et de chantiers stratégiques. Selon les métiers et le contexte, il peut être pertinent de faire un business plan pour un, deux, voire trois ans. Les business plans pluriannuels sont souvent demandés par les partenaires financiers qui ont eux-mêmes besoin de rassurer leurs investisseurs. Néanmoins, les business plans (surtout à trois ans) n'engagent que ceux qui les croient. La réalité économique ne rentre pas dans des voies aussi cadrées.

Le dirigeant porteur de sens

Devenir un dirigeant porteur de sens est une étape majeure de progrès dans le leadership. Cela correspond à un niveau élaboré de management au-delà du management par les objectifs. Les effets sont l'adhésion, l'engagement, l'initiative et l'innovation au sein de l'entreprise. Porteur de sens, comment comprendre cette formulation ? Il peut s'entendre de trois manières.

- **La direction, le cap** : « *vers où allons-nous ?* » Dans le projet de l'entreprise, c'est l'ambition long terme et les objectifs intermédiaires qui répondent à cette question. Beaucoup de dirigeants ont une réponse sans l'avoir vraiment partagée avec l'ensemble des équipes. Ce sont aussi souvent ces mêmes dirigeants qui se plaignent d'un manque d'initiative chez leurs collaborateurs. Mais comment se déterminer et prendre des décisions à l'échelle individuelle, si l'on ne connaît pas la direction suivie par l'entreprise ?
- **La raison d'être** : « *pourquoi ?* » Cette question concerne les finalités de notre action. Développer la culture de la raison d'être dans l'entreprise est extrêmement puissant. C'est travailler et communiquer la raison d'être de l'entreprise, mais aussi la raison

d'être de nos projets, le « pourquoi » de nos décisions et de nos actes. Les dirigeants qui s'y entraînent en mesurent l'impact sur la motivation, l'enthousiasme et la pertinence des décisions prises par leurs collaborateurs.

- **La perception des personnes** : ce que les individus et les groupes dans l'entreprise peuvent percevoir avec leurs cinq sens ainsi que dans leurs représentations internes. Il y a ce que chacun peut percevoir de son « point de vue », c'est-à-dire depuis la fonction qu'il exerce, son poste et son espace de travail, son champ de relations... Il y a aussi ce que nous voyons et que nous imaginons que les autres voient et perçoivent. Le leader porteur de sens permet à chacun d'élargir son champ de perception de la culture de l'entreprise, de la qualité des relations, du degré d'engagement, des enjeux portés collectivement, de la conjoncture.

Susciter chez les individus qui composent le groupe le désir de s'engager dans un projet commun et donner le meilleur d'eux-mêmes est le propre du leader. Être un dirigeant porteur de sens – dans ses trois acceptions –, c'est permettre à chacun, quelle que soit sa position dans l'organisation et sa compétence spécifique, de se sentir membre à part entière de l'entreprise, de vouloir contribuer au projet commun et de désirer donner le meilleur de lui-même.

Poids relatif des cinq composantes du projet d'entreprise dans le pilotage et la culture de l'entreprise

Un projet d'entreprise est complet lorsque ces cinq composantes sont établies : ambition, raison d'être, valeurs / comportements fondamentaux, objectifs business, chantiers stratégiques. Chacune de ces composantes concourt, à sa façon, à mettre l'entreprise en vie, à la mettre en mouvement, à l'animer.

Les parties prenantes sont inégalement sensibles à ces différentes composantes. Il en résulte que, selon le modèle d'entreprise et le contexte, l'effet de levier est plus ou moins intense pour chacune de ces composantes. Le dirigeant doit en être conscient.

Les **entreprises rachetées par des fonds de *private equity*** vivent sous la contrainte du remboursement de la dette dans un délai déterminé de quelques années. On peut parler aux actionnaires d'ambition à dix ans, de raison d'être, de valeurs. La raison d'être de l'entreprise peut les intéresser pour définir son positionnement stratégique et marketing. Mais c'est le plus souvent la capacité à faire des bénéfices rapidement et la valorisation de l'entreprise au moment de leur sortie qui les intéresse par principe (donc les objectifs business et la cohérence des chantiers stratégiques pour les atteindre).

Nous devons nuancer cependant ce propos car l'investissement responsable qui prend en compte les questions ESG (environnement, social et gouvernance) se développe. La quatrième enquête internationale de PwC sur l'investissement responsable publiée en mars 2019 confirme que les sociétés de gestion intègrent de manière croissante ces critères ESG ; et le *private equity* français fait preuve d'un certain leadership en la matière.

En janvier 2018, Larry Fink, PDG de la plus grosse société de gestion d'actifs au monde, BlackRock, qui gère plus de 1 700 milliards de dollars d'actifs en gestion active, s'est adressé ainsi par courrier à des centaines de PDG :

> *« Jamais les attentes du public à l'égard de votre entreprise n'ont été aussi grandes. La société exige des entreprises, publiques comme privées, qu'elles remplissent une mission sociale. Pour prospérer dans le temps, chacune d'elles doit non seulement être performante d'un point de vue financier, mais aussi montrer en quoi elle contribue de façon positive à la société dans son ensemble. Elle se doit d'être bénéfique pour toutes les parties prenantes – qu'il s'agisse d'actionnaires, d'employés, de clients ou de communautés locales – avec qui elle est en relation. »*

Larry Fink, PDG d'un fonds emblématique du capitalisme, met donc la raison d'être des entreprises au cœur des enjeux de prospérité, au même titre que la prospérité financière. Les entreprises familiales, avec un capital patient, sont plus naturellement sensibles aux composantes ambition et valeurs.

Les **entreprises fondées sur les nouveaux modèles d'organisation** tels que décrits par F. Laloux (modèle Opale *cf.* chapitre 5) sont quant à elles beaucoup moins intéressées par l'idée même de définition d'une stratégie d'entreprise. Seule la raison d'être de l'entreprise sert de phare. La stratégie se dégage naturellement au fil des jours sous l'effet de l'intelligence collective. Personne ne se préoccupe d'ambition. Aucune autorité centrale ne définit des objectifs business. Cela n'empêche pas certaines de ces entreprises de surperformer. Ces modèles fondés notamment sur le principe de l'auto-gouvernance ne fonctionnent pas sans processus, bien au contraire. Leurs processus sont toutefois très différents de ceux des entreprises classiques.

> Pour aller plus loin, posez-vous les questions suivantes : l'entreprise que je dirige dispose-t-elle d'un projet ? Ce projet est-il défini avec toutes ses composantes : Raison d'être, Ambition, Valeurs, Objectifs Business, Chantiers stratégiques ? Quelle(s) composante(s) méritent d'être travaillée(s) ? avec qui ? quand ? comment ?

Nous suggérons aux dirigeants de voir dans les cinq composantes du projet d'entreprise, cinq drivers à utiliser de manière équilibrée pour piloter l'entreprise. Avec la raison d'être et les valeurs, ils nourriront la motivation de certains, les plus attentifs au sens. Avec l'ambition et les objectifs business, ils susciteront l'engagement de celles et ceux qui ont le goût du challenge. Avec les chantiers stratégiques, ils éveilleront l'appétit des autres qui aiment la nouveauté. En chaque circonstance, activer le bon driver !

Chapitre 8
Se révéler à soi-même

Executive summary

- Le leadership s'exprime par une manière d'être et d'agir. Le dirigeant qui en fait preuve rend ses équipes capables de contribuer à la réussite du projet commun. Il les emmène au-delà de ce qu'elles pensaient pouvoir réaliser.
- Si certains ont davantage de facilité, le leadership comporte une large part d'acquis et toute personne peut développer ses capacités de leader.
- L'attention à soi, l'attention aux autres et l'attention au monde sont trois marqueurs du leadership.
- Les leaders ont développé une saine estime d'eux-mêmes et portent la conviction qu'ils ont une mission à porter.
- Confiance en soi et amour de soi sont les deux composantes de l'estime de soi. Assez rares sont les dirigeants qui manquent de confiance en eux. Plus souvent, c'est l'amour de soi qui fait défaut, ce qui peut être coûteux pour la santé physique et psychologique.
- Nous proposons quelques stratégies et outils concrets pour renforcer l'estime de soi.
- Se compléter est un chemin vertueux pour accéder à la meilleure version de soi-même. Après une présentation des quatre instances de la personnalité d'après C.G. Jung[47], nous proposons une stratégie pour avancer sur ce chemin.

47. Carl Gustav JUNG, médecin psychiatre suisse (1875-1961), est le fondateur de la psychologie analytique et penseur influent. Longtemps proche de Sigmund Freud, il s'est éloigné de ce dernier en raison de divergences théoriques et personnelles. En proposant une conception du psychisme, il nous en livre une carte, qui permet de comprendre la construction de la personnalité. On lui doit entre autres : les concepts de « l'inconscient collectif », des « archétypes », de « l'animus », de « l'anima », de « l'ombre », du « Soi », de la « synchronicité », de « l'individuation ».

Le dirigeant, potentiel et limite de l'entreprise

Vous avez réussi, avec volonté et intelligence, à construire votre entreprise et votre organisation. Votre entreprise s'est dotée d'un projet clair autour d'une raison d'être, d'une ambition, de valeurs identifiées et partagées, d'objectifs business déclinés de manière cohérente pour toutes les activités de l'entreprise. De plus, les managers sont performants, vous êtes concentré sur votre mission de dirigeant, etc. Tout cela conduit à des résultats satisfaisants. Bravo !
Pour aller plus loin et accélérer le développement de votre entreprise, que diriez-vous de porter votre attention sur votre personne, de vous remettre au centre du système et d'approfondir certains leviers pour progresser encore ? Le sujet, c'est vous. Nous vous invitons à explorer la manière dont vous vous appréciez, la confiance que vous avez en vos capacités, la connaissance de vos forces, fragilités, aspirations profondes, la qualité de vos relations, vos sources d'inspirations. En développant votre leadership, vous pouvez emmener votre entreprise plus loin, plus facilement, de façon plus économique en ressources pour vous-même et pour vos équipiers.

Si certains ont davantage de facilité, le leadership comporte une large part d'acquis et toute personne peut développer ses capacités de leader. Certaines études tendent à montrer que nous avons des qualités innées. En leadership, celles-ci ne seraient responsables qu'à hauteur de 30 % comme le montre une étude sur les déterminants du leadership[48].

48. Arvey R.D, Rotundo M., Johnson W., Zhang Z., McGue M., « The determinants of leadership role occupancy: Genetic and personality factors », *The Leadership Quaterly*, 17 (1), 02/2006.

Leader : une manière d'être et d'agir

Le leader entraîne, impulse, initie, attire, fédère, rayonne, prend la tête, devance, imagine. Il n'a pas besoin d'être apprécié, il avance vers la mise en œuvre de sa vision, fidèle à lui-même. Il est au service d'une mission qui le dépasse.

Le leader voit et comprend le monde ou la situation actuelle, imagine un monde ou une situation désirable et dessine le chemin pour y arriver collectivement. Le leader a un projet enthousiasmant autour duquel un collectif se rassemble parce qu'il fait sens pour lui. Le leader semble à sa place, au bon endroit, au bon moment, convaincu, déterminé, persévérant. Il rend ses équipes capables de contribuer à la réussite du projet commun. Il les emmène au-delà de ce qu'elles pensaient pouvoir réaliser.

Le leadership s'exprime par une manière d'être et d'agir : postures, aptitudes, maturité affective, qualités relationnelles et émotionnelles. Mais comment développer son leadership ? S'inspirer de grands leaders et modéliser leurs manières d'être et d'agir peut déjà être une bonne voie. Mais, pour progresser significativement, on ne fera pas l'économie de découvrir quelques clés puis de pratiquer, pratiquer, pratiquer encore, jour après jour, tout comme un sportif de haut niveau à l'entraînement.

Notre ambition dans les pages qui suivent est de vous apporter quelques clés à expérimenter et surtout de vous donner envie de vous entraîner dans votre vie de tous les jours. Nous vous recommandons de vous munir de quoi consigner vos réflexions par écrit. Ce sera votre cahier de croissance.

L'attention à soi, aux autres et au monde

Pour vous présenter ces clés, nous partons de cette conviction : le leader porte de l'attention à lui-même, aux autres et au monde. L'attention portée à soi uniquement se nomme l'égocentrisme et conduit la personne à tourner en rond jusqu'à se rétrécir.

L'attention portée aux autres de façon exagérée est un risque de se perdre en chemin, de s'épuiser, de ne pas se sentir à sa place, de quémander de l'attention jusqu'à épuiser les autres, de devenir dépendant affectivement. Porter son attention au monde uniquement est un comportement de rêveur. Le leader est entraîné à ces allers et retours continus entre soi, les autres et le monde. Il est capable de vivre la relation dans ces trois dimensions. Attentif à lui, il identifie ses aspirations, ses révoltes, ses émotions, sa mission de vie, toutes ces vibrations intérieures qui lui donnent de l'élan.

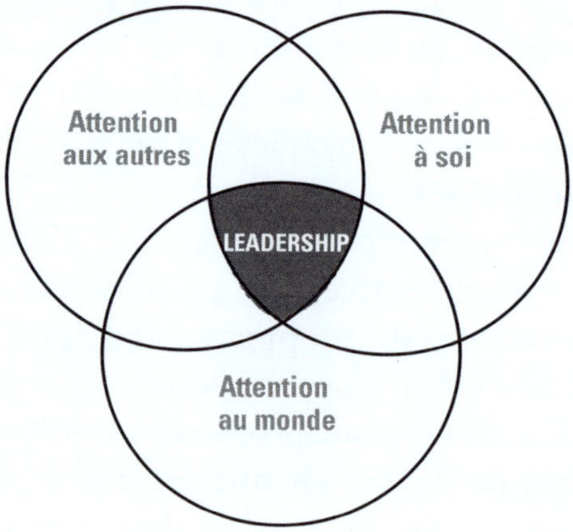

Figure 8.1 – Trois axes de développement du leadership

Attention à soi et attention aux autres

Vous avez peut-être hérité de cette croyance fréquente qui considère que soit on s'occupe des autres et on se coupe de soi, soit on s'occupe de soi et on se coupe des autres. Cette pensée est violente car elle crée une division entre ces deux polarités. Elle est de plus fausse car non tenable dans la durée. Au contraire, s'occuper de soi est un prérequis pour s'occuper durablement des autres. Quand vous voyagez en avion, les consignes de sécurité annoncent qu'en cas de dépressurisation, les masques à oxygène tomberont automatiquement.

Et si vous êtes en compagnie d'un enfant ou d'une personne ayant besoin d'assistance, vous êtes invité à d'abord mettre en place votre propre masque, puis seulement alors celui de l'enfant ou de la personne à assister. C'est une consigne qui repose sur le bon sens. Comment aider l'autre quand on est soi-même en péril ? C'est la même chose pour le dirigeant et pour toute personne en responsabilité.

> C'est donc se comporter en responsable que de prendre soin de soi. Cela doit être envisagé comme une nécessité.

Attentif aux autres, le leader ouvre son champ de réflexion, il se laisse toucher, il interagit, il développe sa conscience du bien commun. L'humain est un être de relation. Nous nous sommes aperçus que les plus beaux moments de notre vie surviennent lorsque nous nous sentons profondément en lien avec quelqu'un, que nous pouvons le rejoindre, que nous nous sentons compris, et cela, même si nous ne sommes pas d'accord. À l'inverse, les moments les plus difficiles sont ceux au cours desquels nous nous sentons isolés, incapables de rejoindre ou d'être rejoint.

La relation est un art qui s'apprend pour devenir une manière de vivre : la relation constructive. La relation constructive permet des expériences fortes et chaque fois uniques. Elle peut se définir par l'équation suivante : $1 + 1 = 3$. Autrement dit : *« Toi et moi ensemble nous allons créer quelque chose d'inédit, de nouveau que, ni toi ni moi, n'avions envisagé seul et qui nous convient à chacun. »* La relation constructive n'est basée ni sur des concessions ni sur des compromis mais sur une co-construction réelle, c'est-à-dire pour laquelle chacun apporte de lui et contribue à la solution. Finalement, chacun sera plus satisfait de ce qui est décidé que ce qu'il avait imaginé seul. Sa vision est complétée par l'échange avec l'autre. Cela est possible si nous ne nous sentons pas obligés de convaincre ou de ramener l'autre à notre point de vue, ni de nous rallier au point de vue de l'autre.

Selon nos observations, la qualité de la relation aux autres est corrélée à la qualité de la relation à soi. L'art de la relation constructive procède des deux. Comment prétendre écouter durablement les autres si je ne m'écoute pas ? Comment être encourageant durablement avec les autres, si je suis dur et malveillant envers moi ? Pour préserver la qualité de la relation dans le cas d'une situation délicate, il est préférable d'être vigilant sur deux points. Le premier consiste à préparer sa communication en se demandant comment nous vivons cette situation, ce que nous voulons (ou ne voulons pas), ce que nous pensons, ainsi que notre intention en nous exprimant. Le second concerne la nécessaire introduction du message. Plus celui-ci est délicat et à fort enjeu, plus il faut soigner son introduction. Par analogie, lorsque j'expédie un objet fragile (par exemple un verre en cristal), je choisis un emballage durable et volumineux. Le dirigeant qui manie cet art de la relation constructive possède une capacité formidable pour déployer ses talents et être un révélateur de talents autour de lui. Auprès d'un tel dirigeant, les collaborateurs se sentent meilleurs. En effet, il se sentent autorisés à donner leur avis, à contribuer à la réflexion, à partager leurs découvertes, leurs réussites, leurs échecs, leurs doutes, leurs idées, leurs rêves donnant ainsi leur pleine valeur ajoutée. La relation constructive va bien plus loin que la recherche d'un accord. Les effets de la relation constructive sont longs à se faire sentir et s'amplifient dans la durée. En effet, cela prend du temps de nourrir un vrai dialogue : du temps pour savoir ce que l'on pense, ce que l'on veut, ce que l'on croit, ce que l'on sent ; du temps pour chercher la manière ajustée de l'exprimer afin que ce soit reçu au mieux ; du temps laissé à l'autre pour recevoir ce qui a été exprimé, se laisser toucher, mesurer les impacts, accéder à sa volonté, son ressenti, ses goûts, ses dégoûts ; du temps, pour qu'il trouve les mots pour le dire. Les effets de la relation constructive s'amplifient dans la durée, parce que quand on a expérimenté avec une personne les conditions d'un dialogue constructif, on ne craint plus grand-chose. On peut même se mettre d'accord sur

On trouve dans les entreprises et chez les dirigeants la croyance que plus on va vite, plus on est efficace. Cela est vrai pour beaucoup de choses. Mais pas dans le domaine de la relation.

le fait qu'on est en désaccord et continuer d'explorer la meilleure issue.

La recherche de l'efficacité par une issue rapide d'un dialogue est contre-productive. Elle aboutit à un désengagement progressif des interlocuteurs dans la relation, qui se manifestera par une démotivation. Que de gâchis humain et économique pourrait être évité dans les entreprises en développant l'art de la relation constructive !

Arthropode ou vertébré ?

L'arthropode, par exemple l'araignée ou la langoustine, a une carapace parce que l'intérieur est tout mou. Le vertébré est solide à l'intérieur grâce à son squelette alors que sa chair et sa peau sont sensibles. Le leader est comme le vertébré : il a développé sa solidité intérieure et peut s'exposer dans la relation aux autres et au monde. Il se rend vulnérable mais ne peut être blessé.

Attention au monde

Le leader porte une attention au monde qui l'entoure, parce que c'est son terrain de jeu, parce qu'il se sent pleinement partie prenante et acteur de son évolution. Lorsqu'on se sent vivant, qu'on a des projets, qu'on a confiance en soi et qu'on aime la vie, alors on voit le monde comme un allié. Quand on aime une personne, on s'intéresse à elle. Il en est de même avec le monde dans toutes ses dimensions : géographique, politique et géopolitique, économique, sociale, culturelle, spirituelle. Les dirigeants peuvent s'intéresser ainsi au monde naturellement et en grand. Et dans ce cas, ils sont prédisposés à l'engagement dans des réseaux et projets collectifs. Ils peuvent aussi s'intéresser au monde simplement par nécessité, plus strictement en lien avec leur marché et leur secteur d'activité. Dans ces zones d'échanges entre soi et le monde, les dirigeants s'exposent à deux risques. Le premier est, face à trop de complexité, de « fermer les volets » et rester centré sur soi et son action. Le second est celui de se rendre trop perméable et déstabilisé. Il en va de l'exposition au monde et aux informations comme de l'exposition au soleil. Je peux, par crainte des coups de soleil, rester enfermé dans ma maison et de ce fait me priver du bon air. Je peux à l'inverse m'exposer au soleil sans retenue et me laisser brûler avec des conséquences immédiates et différées.

Je peux aussi choisir de m'exposer à certaines heures, pour une certaine durée et des filtres devant les yeux et sur la peau. Dans ces trois situations, il s'agit du même soleil et de trois comportements différents. Cette métaphore illustre la gestion de l'information. Nous avons tous potentiellement accès à la même information. Quel comportement allons-nous développer pour nous informer ? Avec quel bénéfice ?

- **Distinguer sa zone de préoccupation et sa zone d'influence[49]**

Les informations qui viennent à nous atteignent et alimentent en premier notre zone de préoccupation. Lorsque notre zone de préoccupation est très chargée, nous ressentons des émotions désagréables : inquiétude, peur, découragement, confusion. C'est d'autant plus regrettable que pour la plupart des informations reçues, nous ne pouvons rien en faire. Elles sont donc inutiles et néfastes. Certaines, au contraire, peuvent alimenter une autre zone : notre zone d'influence. C'est le lieu où les informations rencontrent notre capacité à agir, à orienter, à impacter. Nous devons nous y concentrer. Les personnes *réactives* sont aspirées dans leur zone de préoccupation. Elles y accumulent de nombreuses informations et la surchargent. Elles subissent, elles sont victimes, elles se plaignent. Les personnes *proactives* traitent les informations se trouvant dans leur zone de préoccupation : soit en décidant de les évacuer, soit en les transférant dans leur zone d'influence. Elles agissent, elles sont orientées impact.

Le schéma qui suit présente d'une part la zone de préoccupation – plus externe –, en contact avec le monde et les informations qui en

49. D'après COVEY P., *Les 7 habitudes des gens efficaces*, 1989.

arrivent ; et d'autre part, la zone d'influence – plus interne –, en contact avec nos moteurs et notre capacité à agir.

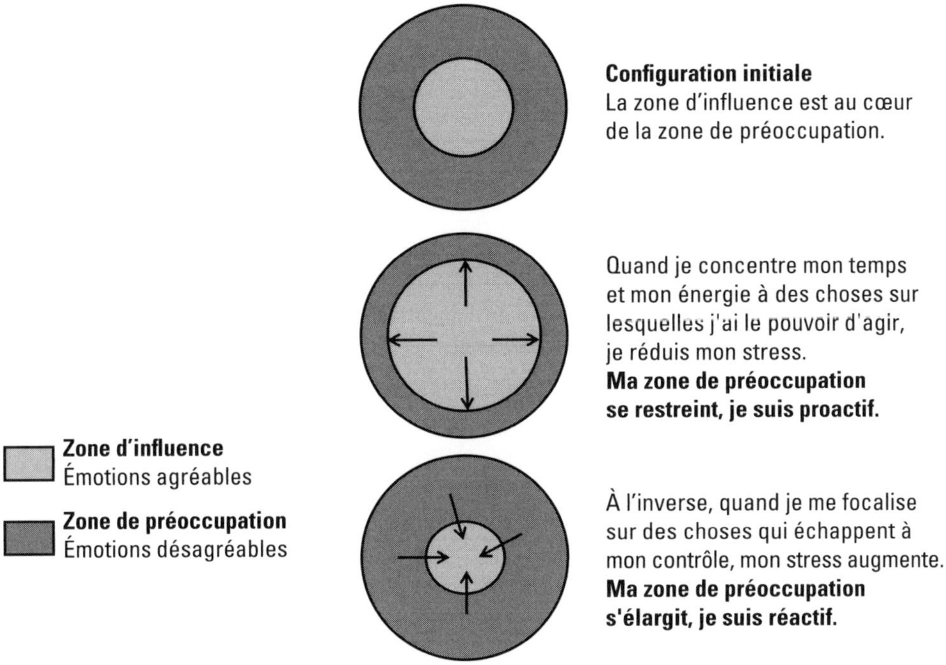

Figure 8.2 – Zone de préoccupation *vs* zone d'influence

▪ Qualifier les informations pour « dégonfler » sa zone de préoccupation

Une saine gestion de l'information consiste à limiter sa zone de préoccupation, de deux manières : en filtrant ce qui vient du monde, en transférant les informations retenues dans sa zone d'influence. Plus on passe de temps dans sa zone de préoccupation, plus celle-ci se charge, plus l'on est stressé. Plus on passe de temps dans sa zone d'influence, plus on est acteur et énergisé.

Les questions à se poser : quel crédit est-ce que j'accorde à cette information ? En quoi suis-je concerné par celle-ci ? Quel est son impact pour moi ? Quelles sont les options pour passer à l'action ?

Développer son leadership

Les leaders ont développé deux choses : une saine estime d'eux-mêmes et la conviction qu'ils ont une cause à porter, une cause qui les dépasse. Nous proposons dans ce chapitre des moyens concrets pour travailler ces deux aspects. Nous vous invitons à les travailler d'abord pour vous-même, dans la perspective de vivre une vie plus heureuse. C'est alors que vous récolterez les fruits de cette démarche et pourrez les mettre au service de votre mission de dirigeant et de votre entreprise. Vous expérimenterez progressivement que susciter l'adhésion et l'engagement par sa manière d'être et d'agir est sans aucun doute le moyen le moins coûteux en énergie et en argent pour mobiliser les équipes, bien plus performant que tous les systèmes incitatifs qu'ils soient à effet carotte ou bâton.

Prenez quelques instants de réflexion pour vous demander quel est votre leader préféré et quelles sont les qualités que vous admirez chez lui. Et si nous vous disons que ces qualités que vous admirez chez lui sont des qualités que vous avez en vous et que vous aspirez à développer, que ressentez-vous ? On ne peut pas reconnaître quelque chose que l'on ne connaît pas.

Se sentir capable et s'aimer

« Personne ne peut vous faire sentir inférieur sans votre consentement. »
Eleanor Roosevelt

Récit d'expérience

Charlotte, 38 ans, est entrepreneuse. L'entreprise qu'elle a créée dans les services à la personne se développe de façon satisfaisante à son goût. En arrivant au Campus des Dirigeants, Charlotte exprime un manque de confiance en elle. Elle réalise un test d'estime de soi qui lui apporte quelques surprises. Ce test révèle qu'elle a une bonne capacité à prendre des décisions, à prendre des risques. Elle sait demander de l'aide. Elle s'imagine aisément réussir quand elle lance des projets... Autant d'éléments révélateurs d'une bonne confiance en elle. D'un autre côté, elle est très sensible aux critiques, s'oblige à tout réussir, et se porte peu d'attention. Charlotte souffre en fait d'un faible amour d'elle-même.

La confiance en soi, l'estime de soi, l'amour de soi, l'affirmation de soi, l'assertivité méritent d'être clarifiées. Comme Charlotte, de nombreux dirigeants qui souffrent d'un manque d'estime d'eux-mêmes parlent d'un manque de confiance en eux. En réalité, rares sont les dirigeants qui manquent de confiance en eux. En effet, ils sont entraînés à entreprendre, à agir, à réaliser des projets. Tout cela nourrit cette confiance. En regardant les choses plus précisément, il s'agit dans bien des cas d'un manque d'amour d'eux-mêmes.

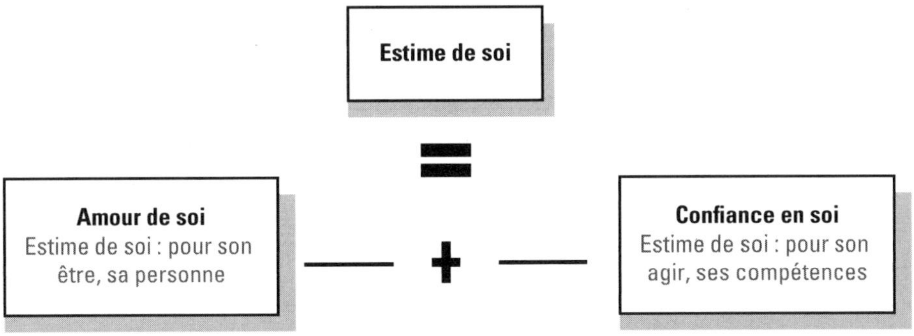

Figure 8.3 – Les deux composantes de l'estime de soi[50]

Voici huit signes permettant de reconnaître l'estime de soi pour son être (l'amour de soi) :

→ S'accorder de la valeur ;
→ Prendre soin de sa santé ;
→ Être conscient d'être une personne unique et irremplaçable ;
→ S'accepter tel que l'on est sans se juger ;
→ Se considérer aimé des autres et s'aimer soi-même ;

50. MONBOURQUETTE J., *De l'estime de soi à l'estime du Soi*, Éditions Novalis Inc., 2002.

- Ne pas se s'identifier à ses caractéristiques (qualités, défauts, titres, rôles, milieu social, émotions, etc.) ;
- Avoir une posture droite et ouverte ;
- Accepter chacune de ses émotions et les exprimer.

De la même manière, voici huit signes permettant de reconnaître l'estime de soi pour son agir (la confiance en soi) :

- Avoir confiance en sa capacité d'apprendre et de réussir ;
- Prendre des risques ;
- Persévérer dans les difficultés ;
- Ne pas attendre de réussir de grandes choses pour reconnaître ses succès. Savoir reconnaître ses petits succès ;
- Transformer ses échecs en sources d'apprentissage ;
- Ne pas se comparer aux autres ;
- Être capable de travailler en collaboration ;
- Accepter les compliments et félicitations des autres.

Avoir une saine estime de soi revient à se savoir toujours accompagné par son meilleur ami au plus profond de soi.

L'estime de soi se construit à partir de représentations sensorielles. C'est comme si chacun portait en lui un théâtre peuplé d'acteurs. Ces acteurs peuvent lui parler (représentations auditives de l'intériorité), lui révéler des images (représentations visuelles de l'intériorité), susciter des émotions (représentations kinesthésiques de l'intériorité). Travailler l'estime de soi consiste à peupler son intériorité d'acteurs bienfaisants qui nous encouragent.

Se sentir capable

Avant d'entreprendre quelque chose, quelqu'un qui a confiance en lui se rappelle ses succès passés. Fort de ces expériences positives, il a le goût et l'élan pour tenter de nouveaux apprentissages. Il augmente ses chances de réussir. À l'inverse, quelqu'un qui manque de confiance en lui, se rappelle ses échecs, ce qui le coupe de ses ressources. Ceci l'amène bien souvent à ne pas commencer un nouvel apprentissage. Et s'il s'y aventure, à se décourager dès la première difficulté. Les dirigeants ont bien souvent une belle confiance en eux. Ils sont nourris par les réussites du passé qui les ont conduits à la fonction de dirigeant, qu'ils soient entrepreneurs ou dirigeants salariés. Leur fonction leur donne, plus qu'à d'autres, les moyens d'agir et de faire bouger les lignes. Mesurer concrètement leur capacité d'influence nourrit la confiance en eux. La confiance en soi chez les dirigeants peut toutefois être mise à mal après une crise professionnelle telle qu'une révocation subie ou une liquidation de l'entreprise.

Les ateliers suivants ont vocation à développer la confiance en soi. Si vous avez une bonne confiance en vous, ils vous sembleront faciles ou inutiles.

- **Valoriser les succès : ce qui est bien est bien !**

Dans notre expérience, cette lapalissade n'est pas partagée par tous. En France, notre système éducatif et notre culture nous conduisent à souvent pointer ce qui ne convient pas et à passer sous silence les situations satisfaisantes.

Atelier – Identifier ses succès

Relevez ce que vous avez fait de satisfaisant dans la journée.
Si vous avez des difficultés à identifier ces actions, peut-être êtes-vous de ceux qui considèrent que *ce qui est mal est mal* et *ce qui est bien est normal*. Autrement dit, avec ce système de pensée, rien n'est bien. Alors que très probablement, comme beaucoup d'entre nous, du matin au soir, vous vous appliquez à « bien faire ». Nous vous invitons à une conversion de pensée : *Ce qui est mal est mal* / ***ce qui est bien est bien !***

Beaucoup de dirigeants objectent que ce système de pensée peut niveler par le bas, qu'il conduirait à se contenter trop vite de situations et résultats ordinaires, qu'il installerait le laxisme, qu'on se contenterait de peu et qu'on aurait la satisfaction facile.

Ils craignent que cela vienne réduire la performance finale et les résultats. Cela serait contraire à leur responsabilité de dirigeant qui est de challenger et faire progresser en continu leurs équipes. Mais c'est ignorer la psychologie ! Car regarder tous les pas qu'on a fait et s'en réjouir ne signifie pas qu'on s'en tient là. Au contraire, cela encourage et permet d'aller plus loin. Ce qui est vrai dans le management l'est aussi dans la relation à soi. Tout dépend de l'intention. Si celle-ci est de s'encourager soi-même ou d'encourager les membres de son équipe, ce mode de pensée est adapté. Par exemple :

- Vous arrivez à l'heure à un rendez-vous à l'extérieur. Pour vous, est-ce bien ou normal ? Et si vous arrivez en retard, est-ce mal ou normal ?
- Vous communiquez votre décision en temps et en heure à la personne concernée. Pour vous, est-ce bien ou normal ? Et si vous le ne faites pas : qu'en direz-vous ?
- Si vous avez des difficultés à trouver des motifs de satisfaction concernant vos résultats, peut-être êtes-vous de ceux qui considèrent que ce qui est bien est normal.

Ces éléments peuvent sembler anodins ou peu signifiants. Il est vrai qu'il n'y a pas de quoi sauter au plafond ni sabler le champagne chaque fois que vous êtes ponctuel. Et pourtant, l'accumulation de ces situations peut avoir un impact pour vous. Nous imaginons que vous vous employez à faire de votre mieux dans les différentes situations de votre vie et que votre ponctualité ne tient pas du hasard. Vous avez planifié vos actions, anticipé et fait un rétroplanning, tout cela aboutissant à l'atteinte de votre objectif. Vous y avez engagé des ressources. Il est souhaitable de le remarquer et d'en être satisfait.

Ne nous y trompons pas, il ne s'agit pas de reconnaître un caractère exceptionnel à ce résultat mais simplement de le noter parmi les résultats satisfaisants, de les mettre dans la bonne colonne. En remplissant ce réservoir de motifs de satisfaction personnel, vous devenez moins dépendant des signes de reconnaissance venant de tiers et vous gagnez en liberté intérieure.

▪ Partager et célébrer les succès

L'intérêt de partager ses succès, c'est d'aller les chercher pour nourrir la confiance en soi. Le dirigeant qui propose cela en équipe invite chacun à ce même mouvement et installe progressivement une culture de la confiance en soi.

Atelier – Partager ses succès

En réunion d'équipe, invitez chacun à partager ses succès, de la semaine, du mois ou de l'année écoulée. Expérimentez la dynamique qui suit au cours de la réunion.
Un intervalle de temps court, amènera à partager des petits succès. Ceci est propice à favoriser la confiance en soi. En effet, en portant votre attention sur des petits succès, vous êtes encouragé à vivre de nouvelles expériences et à aller plus loin dans vos apprentissages. Il en est de même pour chaque membre de votre équipe. Partager ses succès individuels et collectifs et en faire mémoire procure de l'énergie. Celle-là même qui vous permet d'aller plus loin, de déplacer vos limites. Demandez-vous aussi ce qui vous a permis d'obtenir un tel résultat. Qu'avez-vous bien fait ? Quel enseignement tirez-vous de cette réussite ?

▪ Valoriser les échecs

« Il n'y a pas d'échec, il n'y a que du feedback[51]. »

Tous, nous vivons des succès et des échecs. Si vous voulez grandir dans la confiance en vous, nous vous invitons à nommer les résultats qui ne vous donnent pas satisfaction puis à rechercher l'apprentissage que vous en retirez.

51. Ceci est l'un des présupposés de la P.N.L. (Programmation Neuro-Linguistique).

Atelier – Reconsidérer ses échecs

Au cours d'un temps de réflexion personnelle, nommez vos résultats non satisfaisants, ce que vous considérez comme un échec. Pour chacune de ces situations, qu'avez-vous appris ? Quelle leçon en tirez-vous ?

- **Se focaliser sur ce qui dépend de soi**

« Je n'ai pas échoué.
J'ai simplement trouvé 10 000 solutions qui ne fonctionnent pas. »
Thomas Edison

Récit d'expérience

Paul est contrôleur de gestion dans la filiale d'un groupe qui produit des matériaux pour l'industrie, le bâtiment et les travaux publiques. Depuis deux ans, il travaille sur l'élaboration d'un tableau de bord dont l'usage sera commun à l'ensemble des fonctions de l'entreprise. Il est allé au bout du projet avec les moyens à sa disposition, sans atteindre l'objectif. Il faut, selon lui, que la holding réalise un investissement pour doter l'outil CRM d'un module complémentaire. Cette décision n'est pas sous son contrôle. Il se sent bloqué et se plaint depuis des mois. En travaillant finalement sur sa zone d'influence, en se posant cette question, « qu'est ce qui ne dépend que de moi pour l'atteinte de l'objectif final ? », il a réalisé que l'arrivée récente d'un nouveau DAF groupe était une opportunité. Il va préparer un rendez-vous avec lui de manière à lui faire percevoir les enjeux d'un tel investissement. Il passe ainsi de frustré à acteur.

Voilà ce que veut dire, focaliser sur ce qui dépend de nous. Les dirigeants sont moins exposés en interne à ce genre de situations. Mais il est bon de réaliser que certains blocages peuvent être incompréhensibles pour des collaborateurs.

S'aimer

> « On est plus riche de l'estime de soi-même
> que des louanges de toute la terre. »
> Edme de La Taille de Gaubertin

Quelqu'un qui s'aime peut reconnaître qu'il a commis une erreur et accepte même que cette erreur soit pointée par quelqu'un d'autre. Cette personne fait la distinction entre ses comportements et sa valeur. Elle sait que, quoiqu'elle fasse, elle garde sa valeur et reste digne d'amour. À l'inverse, quelqu'un qui ne s'aime pas a beaucoup de difficultés à accepter que ses erreurs soient révélées et même à les reconnaître. Ce serait pour elle un risque de ne plus être aimée ou digne d'amour.

Peut-on trop s'aimer ?

Souvent les dirigeants évoquent le risque de trop s'aimer. Ils font référence à des personnes de leur entourage qui les agacent en ne parlant que de leurs succès – quitte à les exagérer – qui récupèrent à leur profit les succès collectifs, qui rabaissent les autres, qui cherchent à briller lors des réunions.

Ces comportements ne témoignent pas d'un excès d'amour de soi, mais au contraire d'un manque d'amour de soi. Si je ne m'aime pas, je n'existe qu'à travers ce que je fais. Je n'en fais donc jamais assez pour recevoir la reconnaissance des autres dont j'ai besoin pour combler le manque d'amour de moi. Quelqu'un qui a un manque d'amour de soi a besoin de beaucoup de signes de reconnaissance de la part des autres. Une saine estime de soi ne se manifeste jamais au détriment des autres.

- **Croyez-vous en votre valeur ?**

De notre expérience, nombreux sont les dirigeants qui s'accordent de la valeur en fonction de leur performance ou de leur rendement au travail, de leur diplôme, de leur titre ou de leur rôle. Ainsi, ils sont amenés à en faire toujours plus, inconsciemment, pour mériter d'être considérés.

Pourtant, très peu penseraient qu'un nouveau-né est sans valeur. Il n'a rien à prouver, n'a encore rien réalisé et mérite d'être aimé pour ce qu'il est : un humain. C'est le fait même d'exister qui lui confère sa dignité et sa valeur.

D'où vient ce paradoxe ? Quand perdrions-nous cette valeur ? Dans notre histoire, le soin dont nous avons bénéficié, l'affection que nous avons reçue ont contribué à installer en nous cette croyance magnifique « *je suis digne d'amour* ». Si nous n'avons pas, pour quelques raisons que ce soient, reçu les signes d'amour ou ressenti l'amour dont nous avions besoin, cette même croyance a été mise à mal et remplacée par une autre, beaucoup plus limitante et fragilisante : « *je ne mérite pas d'être aimé tel(le) que je suis, je dois tout mettre en œuvre pour le mériter !* » Nous avons perdu la croyance en l'amour inconditionnel. Nous avons perdu l'amour de nous-même.

Philippe est président d'un groupe de distribution de plusieurs dizaines de milliers de salariés. Il souffrait d'un déficit d'amour de lui. Nous lui avons proposé l'exercice de visualisation suivant.

Atelier – Reconnaître sa propre valeur : l'image du nourrisson

1. Choisissez une photo de vous bébé sur laquelle vous vous trouvez beau, touchant. Regardez-là souvent : mettez là dans votre portefeuille ou dans un endroit de votre logement en bonne position. Laissez-vous toucher et attendrir par ce bébé que vous étiez.

2. Quand vous vous sentez prêt, quelques jours, semaines ou mois plus tard, asseyez-vous au calme dans un endroit où vous ne serez pas dérangé pendant une vingtaine de minutes. Débranchez vos téléphones et autres appareils qui vous attirent à l'extérieur de vous. Regardez les objets autour de vous, les couleurs, l'ambiance de la pièce, sentez l'odeur puis fermez les yeux. Prenez une position à la fois détendue et digne, le dos droit, les deux pieds posés au sol, vous entendez les bruits de l'extérieur et vous les accueillez. Portez votre attention sur votre respiration. Demandez-vous si c'est l'inspiration ou l'expiration qui est la plus longue. À chaque inspiration, allez profondément à l'intérieur de vous-même, sentez la détente vous envahir. Imaginez que vous portez dans vos bras un bébé, cela peut

• • •

• • •

être un de vos enfants si vous en avez ou un bébé que vous connaissez. Sentez son poids, son souffle, ses légers mouvements, et contemplez-le. Ressentez sa valeur, sa fragilité, sa dépendance. Il est dans vos bras et se confie à vous. Ressentez l'amour qu'il mérite, la valeur que vous lui reconnaissez, à lui qui n'a pourtant rien accompli encore. Et restez ainsi quelques instants dans le silence puis imaginez que ce bébé c'est vous. Vous portez dans vos bras ce bébé que vous étiez. Aidez-vous en cela de la photo que vous avez choisie et contemplez ce bébé. Laissez-vous toucher par sa beauté, prenez conscience de toute sa valeur, liée au simple fait qu'il existe. Cette valeur ne changera jamais. Elle est indépendante de ses actions. Prenez conscience de tout l'amour qu'il mérite. Regardez-le avec un regard plein d'amour, assurez-le de votre amour inconditionnel. Vous l'aimez tel qu'il est et l'acceptez tel qu'il est. Il reçoit tout votre amour.

3. Maintenant, prenez la place de ce bébé. Vous êtes ce bébé. Vous vous laissez toucher et recevez cet amour inconditionnel. Accueillez ce regard plein d'amour de ce parent aimant que vous êtes devenu pour vous-même, entendez ces paroles pleines d'amour à votre égard, ressentez cet amour pour l'être que vous êtes, indépendamment de ce que vous faites. Vous méritez cet amour et vous le recevez.

Accueillez ce que vous vivez et restez en silence encore quelques instants. Quelle émotion est là maintenant ? quelle parole ? quelle image ? Prenez le temps de les accueillir et il ne vous reste plus qu'à revenir à l'extérieur de vous avec cette nouvelle réalité de votre enfant intérieur recevant de l'amour. Prenez le temps d'écrire ce que vous voulez garder de cette visualisation dans votre cahier de croissance. Félicitez-vous de ce moment passé avec vous, avec cette meilleure partie de vous !

Philippe nous reparle régulièrement de l'émotion qu'il a ressentie à travers cette visualisation, et de l'amour pour ce bébé qu'il était. Ce fut une révélation. Il n'avait jamais imaginé pouvoir s'aimer. Il était toujours en attente d'amour ou de signes d'amour des autres à son égard. En développant l'amour pour lui-même, Philippe a trouvé plus de reconnaissance à travers ses propres yeux. Son besoin de reconnaissance par des tiers s'est estompé et l'a conduit à des attitudes plus ajustées.

- **Porter un regard bienveillant sur soi-même**

Le matin, lorsque vous rencontrez une personne au lever, que voulez-vous lui dire, comment voulez-vous lui témoigner votre affection ?

Atelier – Renforcer son image de soi

Le matin, après votre toilette, avant de quitter votre salle de bain, prenez un instant pour vous regarder dans le miroir. C'est le moment de vous accueillir, de vous sourire, de rechercher le beau en vous, sur votre visage (et non celui de repérer les rides ou boutons), comme vous le feriez pour quelqu'un que vous aimez. Vous pouvez aussi rester un instant de plus et vous souhaiter une bonne journée. Accordez-vous cette qualité de présence à vous-même qui vous donne une force et vous rend disponible pour les belles opportunités de votre journée. Savoir ce que vous souhaitez, ce qui a de la valeur pour vous et vous le dire renforce vos chances de le vivre. Quel regard portez-vous sur votre corps ? Êtes-vous de ceux qui portent leur attention sur un défaut physique ou qui considèrent leur corps comme un ami à choyer et remercier ? Voyez-vous votre corps comme un objet à votre service ou comme un sujet de votre attention ?

En s'entraînant à apporter à son corps l'attention et le soin (par exemple le repos ou l'exercice physique) qu'il mérite, on grandit dans l'amour de soi. Certains ont plus d'égards pour leur voiture que pour leur propre corps. En effet, alors qu'ils tiennent peu cas des petits signes physiques tels que les douleurs modérées ou les tensions, ils déposent au garage leur voiture alors même que tout fonctionne très bien, simplement parce que c'est le moment de la révision. Pourtant, les petits signes physiques sont des signaux faibles dont il est pertinent de tenir compte. Si un voyant qui s'allume sur le tableau de bord retient notre attention à juste titre, il serait tout aussi pertinent de recueillir le signal transmis par cette douleur, cette tension, cette contracture, cette brûlure. Il est vrai, son message est parfois plus délicat à entendre.

▪ Vous êtes beaucoup plus que ce que vous montrez

Vous êtes beaucoup plus que vos émotions, que vos comportements, que votre statut social. Vous êtes beaucoup plus qu'un dirigeant. Tous ces éléments sont une partie de vous et sont réels, mais ne parlent pas de votre identité profonde. Dans votre manière de parler, l'usage du verbe « être » est un faux ami. Son emploi sème le doute et introduit une confusion identitaire. En effet, lorsque vous dites *« je suis courageux »*, vous laissez entendre que vous vous définissez ainsi.

En réalité, il serait plus juste de dire « *j'ai du courage* » et donc de vous reconnaître cette qualité sans vous laisser définir par elle. Ainsi, lorsque vous manquez de courage, vous ne changez pas en vérité, c'est ce que vous montrez de vous qui évolue, pas votre identité profonde. De même, lorsque vous dites « *je suis optimiste* », il serait plus ajusté de dire « *j'ai de l'optimisme* ». Sans doute êtes-vous plutôt entrainé à repérer les opportunités, mais si un jour vous hésitez en percevant un risque, vous ne changez pas. C'est votre regard qui change, pas votre personne. Et encore, vous aurez avantage à dire *« j'ai le goût du sport »* plutôt que « *je suis sportif* ». Ainsi une incapacité temporaire ou totale de pratique du sport ne changera pas votre identité réelle même si, comme on peut l'imaginer, cela aura sur vous des conséquences.

> L'acceptation est le mot-clé du changement. Accepter ce qui est, même quand cela ne nous convient pas. Paradoxalement, l'acceptation est à la base de tout processus de changement. Nous ne pouvons faire évoluer que ce que nous acceptons au préalable. « *Ce que tu nies te soumet. Ce que tu acceptes te transforme.* » (Carl Gustav Jung).

Il est usuel de se laisser aller à ces abus de langage et d'utiliser le verbe être pour autre chose que pour définir une identité. Nous vous recommandons d'en prendre conscience et de faire ce recadrage au moins intérieurement et pourquoi pas de vous entraîner à en limiter l'usage.

En évitant les fausses identifications, vous parviendrez à une plus grande stabilité, à une plus grande sérénité, à un plus bel et juste amour de vous. Ainsi, comportez-vous avec vous-même comme vous le feriez avec votre meilleur ami. Regardez-vous avec bienveillance, parlez-vous avec délicatesse et manifestez de la compréhension à votre égard. Cherchez à vous comprendre et non à vous juger : il y a toujours des intentions positives dans vos comportements. Traitez-vous avec douceur.

S'aimer et s'accepter tel que l'on est ne signifie pas aimer tout de ce que l'on fait. Cela permet de nommer sereinement ce que l'on veut transformer au lieu de le nier, de le masquer, de le rejeter.

Le burn out, maladie du faible amour de soi

Tout le monde n'est pas exposé au risque de burn-out. Il y a des prédispositions. Notre expérience d'accompagnement de personnes en burn-out nous conduit à considérer comme facteur de risque le faible amour de soi. Une personne qui ne s'aime pas assez a tendance à tout faire pour mériter l'amour. « *Si je ne m'aime pas tel que je suis, il faut que ce que je fasse soit parfait et reconnu comme tel – par les autres et par moi – pour mériter d'être aimé. Je n'en ferai jamais assez…* » Jusqu'à consommer mes réserves et dépasser mes limites.

Se connaître et se compléter

Vous avez peut-être une magnifique voiture, bourrée de technologie, intégrant une quantité énorme de fonctionnalités et de réglages. Si vous ne les connaissez pas, ils ne vous servent à rien. Cette même voiture a peut-être aussi quelques limites. Si vous n'en avez pas connaissance, vous pouvez la mettre hors d'usage, comme en tapant le châssis dans un chemin de terre défoncé.

À quoi sert de se connaître ? Tout simplement à tirer le meilleur parti de soi en préservant ses ressources. C'est un enjeu pour tout humain. Et cet enjeu est amplifié pour celles et ceux qui ont des responsabilités, celles et ceux qui animent des équipes, celles et ceux dont les comportements impactent fortement les autres.

La nature humaine est si riche, profonde et complexe qu'on peut s'entendre sur le fait que le champ à explorer est infini pour qui est prêt à vivre l'aventure. Nous ne connaissons qu'une partie de nous-même, celle que nous laissons voir et celle dont nous avons conscience. Mais nous sommes bien plus que cela. C'est en accédant aux parties cachées de nous et en nous réconciliant avec elles que nous nous rapprocherons de qui nous sommes vraiment.

Récit d'expérience

Pascale est dirigeante d'une entreprise familiale de 120 personnes dans le domaine des travaux publics, transmise par son père. Elle est la cinquième et dernière de sa fratrie. Les deux aînés ont chacun développé le sens de l'effort et la générosité. Les deux suivants ont cultivé un goût pour la convivialité, les fêtes et les loisirs, ce qui a d'ailleurs contribué à tendre la relation avec leur père. Pascale, inconsciemment, s'est mise à incarner ce qu'elle pensait que ses parents attendaient d'elle : le courage et la générosité. Ce sont les mots qui lui viennent le plus spontanément lorsqu'elle est invitée à énoncer trois qualités qu'elle se reconnaît lors d'une session de développement personnel au Campus des Dirigeants : courageuse, généreuse, stratège. C'est sans doute par ces qualités qu'elle a postulé avec succès pour diriger l'entreprise. Ces trois qualités sont des traits visibles de sa personnalité, valorisés dans sa famille. Son entourage les lui reconnaît clairement dit-elle.

Pascale est ensuite invitée à nommer les traits opposés à ces trois qualités qu'elle vient d'énoncer. Après quelques efforts, elle cite : paresseuse (opposée à courageuse), égocentrée (opposé à généreuse), aveugle (opposé à stratège). Ces trois traits sont des caractéristiques de son ombre. En développant le courage, Pascale a fait taire la paresseuse qui est en elle. En exprimant sa générosité, elle a enfoui une capacité à penser à elle et à s'occuper d'elle. En développant son aptitude à la stratégie, elle a occulté la part d'elle qui ne voit pas, qui ne sait pas se projeter.

Puis Pascale va rechercher l'intention positive qu'il y aurait à développer de la paresse, à développer son attention pour elle-même, à nommer ses doutes et à accepter sa confusion quant à l'avenir.
Comme Pascale, vous allez peut-être sauter au plafond à cette invitation : moi paresseuse ? moi égocentrée ? moi aveugle et confuse ? Jamais ! Et pourtant, Pascale a accepté de se livrer à l'exercice jusqu'au bout. Il ne s'agissait pas pour elle de renoncer à son courage, à sa générosité, à sa capacité à voir loin. Tout ceci est en elle et elle le gardera. Mais Pascale a pris conscience que, si en plus d'avoir du courage, elle acceptait la partie d'elle qui recherche le repos et lui laissait de la place, elle pourrait se ressourcer plus régulièrement et gérer son énergie. Elle a compris que si en plus d'avoir de la générosité, elle faisait plus attention à elle-même et prenait soin d'elle, elle réintégrerait dans sa vie des aspirations profondes qu'elle avait laissées de côté. Elle a compris que, si en plus de percevoir assez facilement le bon chemin pour les projets qu'elle conduit, elle acceptait d'être dans le doute parfois, elle susciterait des avis et conseils qui enrichiraient ses prises de décision.
En allant puiser des nouvelles capacités dans son ombre, Pascale continuera d'être une femme et une dirigeante courageuse, généreuse et stratège. Elle sera aussi plus complète.
L'histoire de Pascale nous fait prendre conscience que la partie visible de nous-même prend une place très importante dans la façon de nous considérer et d'être considéré. Nous allons parfois jusqu'à nous identifier à cette partie visible de nous, ce qui est risqué et réducteur. Notre personnalité est beaucoup plus complexe. Aller à sa rencontre permet de découvrir des qualités complémentaires.

Pour Jung[52], la construction de la personnalité se fait à travers quatre instances (*cf.* figure 8.4).

52. Jung C.G., médecin psychiatre suisse (1875-1961), est le fondateur de la psychologie analytique et penseur influent.

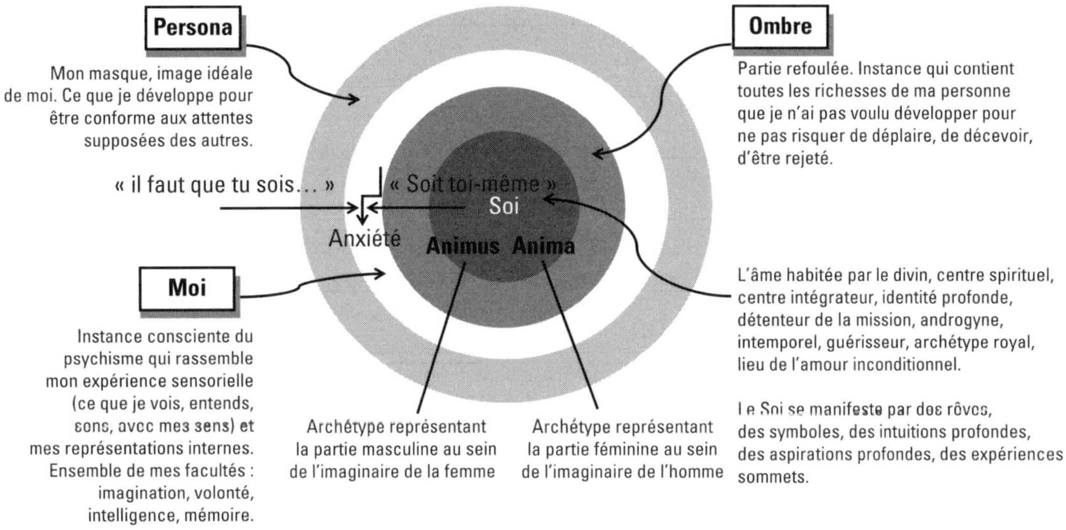

Figure 8.4 –La conception du psychisme selon C.G. Jung

La persona : ce mot vient du latin *per sonare* qui signifie « sonner à travers ». Il désignait le masque que portaient les acteurs dans l'Antiquité. (En grec, *prosopon* signifie « masque »). Par cette métaphore du masque, Jung veut nous dire que la persona, cette partie extérieure et visible de l'individu par laquelle il est en relation avec le monde, est ce qui se voit de lui, ce que les autres et lui croient qu'il est. La persona représente une image idéale de lui, une partie d'adaptation à son milieu. Elle est liée à son environnement. Elle se constitue au fur et à mesure de son éducation, de manière à se conformer aux attentes supposées des autres à son égard. Le risque pour un individu est de s'identifier à sa persona. En effet, s'identifier à ses diplômes, à une fonction, à un titre, à un statut social, ou même à une qualité, limite l'individu qui, en réalité, est bien plus que cela.

Le moi est l'instance consciente du psychisme : ce que l'individu voit, ce qu'il entend, ce qu'il sent avec ses organes sensoriels et dans son intériorité, comment il se voit, ce qu'il se dit, ce qu'il ressent.

C'est l'ensemble de ses facultés : son imagination, son intelligence, sa mémoire, sa volonté.

L'ombre est une instance refoulée par souci d'adaptation. Elle contient tout ce que l'individu n'a pas développé pour ne pas décevoir, déplaire ou risquer d'être rejeté. L'ombre est à la persona ce que l'envers est à l'endroit. L'ombre est principalement inconsciente et se constitue au cours du développement sur la base d'interdits et de blessures. Chaque interdit reçu ou donné par l'individu lui-même vient constituer un trait d'ombre. Par exemple, un enfant témoin d'un accès de colère d'un parent et blessé par cela, pourrait décider inconsciemment de ne jamais se mettre en colère. Ainsi, il refoulerait sa colère qui constituerait un trait de son ombre. Jean Monbourquette propose aussi un autre moyen pour identifier les traits de son ombre. Lorsqu'une personne nous insupporte au point que, même en son absence, le simple fait de penser à elle nous exaspère, cette personne révèle un trait de notre ombre. Cette exaspération nous parle bien de nous, puisque cette même personne ne provoque pas le même effet sur un tiers.

> Se connaître, c'est cheminer à travers ces quatre instances et mettre chacune d'elle à sa juste place.

Le Soi représente l'identité profonde, l'instance spirituelle de la personne, « l'âme habitée par le divin ». Intemporel, androgyne, guérisseur, il est le centre intégrateur de la personne, l'instance qui détient la mission de vie de l'individu. Le Soi (ou l'âme) est la partie de nous qui fait un pont vers la Source[53], qui permet de canaliser l'énergie de celle-ci et de lui donner sa forme unique qui est celle de notre être et de notre vie. Le Soi est en contact avec l'univers et les autres Soi.

53. Le divin ou la Source nous renvoit à ce mystère insondable qui nous dépasse. En fonction de notre religion, nos croyances et notre culture, on le désigne comme Dieu, l'Amour, le Principe Créateur, l'Être Suprême, le Tout…

▪ Accéder à sa persona

Mieux se connaître peut commencer par mettre des mots sur des traits de sa persona.

Atelier – Identifier des traits de sa persona

Nommez les qualités que vous vous reconnaissez, vos traits de caractère par lesquels vous aimez être reconnu.
Écoutez ce que l'on dit de vous. Par exemple chez les dirigeants, les qualités qu'on retrouve fréquemment sont l'optimisme, le courage, le sens de l'engagement. Ces qualités représentent une partie de vous. Vous êtes entraîné à les manifester. Pour vous reconnaître une qualité, il n'est pas nécessaire de l'exercer en toutes circonstances.

▪ Accéder à son Moi conscient

Développer le Moi conscient est un axe clé du leadership. Faire passer les matériaux psychiques qui composent notre personnalité de l'inconscient vers le conscient est un acte responsable. Devenir plus conscient de soi-même, accepter la vérité sur soi rend libre. Ce travail se fait par une démarche volontaire. Une personne libre attire et inspire.

Au niveau du Moi conscient, des forces psychiques contraires s'exercent : l'une provient de l'extérieur et résulte des contraintes du milieu qui prennent la forme d'injonctions. Par exemple « Il faut que tu sois courageux » ; « Tu dois être prévoyant » ; « Sois fort » ; L'autre provient du plus profond de la personne, le Soi. Elle est une invitation à se révéler, à exister. Elle exprime : « Sois toi-même ». Cette opposition peut créer de l'anxiété, la personne se sentant comme à l'étroit et tiraillée. C'est un signe suffisant pour aller à la rencontre des parties méconnues de soi et apprivoiser son ombre.

▪ Accéder à son Ombre

Accéder à son Ombre, c'est accéder à une partie de soi que l'on n'a pas développée ou que l'on a refoulée.

Pour guider les dirigeants dans ce travail, nous nous appuyons sur les stratégies proposées par Jean Monbourquette[54].

Récit d'expérience

Jean-Marc dirige une fédération professionnelle. Invité à penser à une personne qui l'exaspère, il pense tout de suite à un représentant régional de la fédération, qu'il compare aux personnages incarnés par Louis de Funès dans nombre de ses films : méprisant envers ceux qu'il estime en position inférieure, adulateur et flatteur envers les puissants.

Jean-Marc porte très fort parmi ses valeurs le respect de toute personne quelle que soit sa position sociale et envisage toujours des rapports d'adulte à adulte. Il est souvent, par ses fonctions, convié dans des manifestations publiques dans les ministères. Il ne supporte pas ceux qu'il appelle les « courtisans », qui jouent des coudes dans la foule pour s'approcher du ministre, le saluer et présenter quelque requête. Jean-Marc reste discret et se considère à sa juste place. Invité à s'interroger sur l'intention positive recherchée par le flatteur, Jean-Marc, comme Pascale précédemment, tique sur la question. Il va néanmoins au bout de l'exercice et note que le flatteur gagne du temps et peut prendre l'avantage dans la compétition. Est-ce que cela intéresserait Jean-Marc de gagner du temps dans les projets qu'il porte pour sa fédération ? La réponse est oui. Est-ce que de pouvoir parler directement au ministre plutôt qu'à ses conseillers serait de nature à faire reconnaître plus fortement les professionnels qu'il est chargé d'animer et de défendre ? La réponse est oui. Avec les valeurs qu'il porte, Jean-Marc ne deviendra jamais un fourbe. Il a compris qu'en allant rechercher dans son ombre la capacité à sortir du rang quand il le faut, il compléterait sa compétence professionnelle. Et c'est ce qu'il a fait. Convié quelques mois plus tard, comme de nombreux représentants du monde économique, à Bercy pour les vœux du ministre de l'Économie, Jean-Marc, arrivé suffisamment tôt, s'est installé au premier rang face au pupitre du ministre… tout en s'amusant intérieurement de la situation. Ce jour-là, Jean-Marc ne s'est pas vu comme un courtisan, mais il a pensé à tous ceux dont il porte les intérêts. Lorsque le ministre a terminé son discours et est descendu de l'estrade, qui l'attendait le plus naturellement en bas pour le saluer et se présenter ? Jean-Marc.

54. MONBOURQUETTE J., *Apprivoiser son ombre*, Novalis/Bayard, 2001.

Nous vous recommandons cet entraînement puissant pour identifier et apprivoiser les traits de votre ombre. La vie quotidienne nous offre beaucoup d'opportunités.

Atelier – Apprivoiser son Ombre inspiré de Jean Monbourquette

1. Prenez conscience de l'existence de votre Ombre.
2. Nommez un trait de votre Ombre.

• Soit à partir de votre persona : vous identifiez un trait de votre persona puis vous nommez le trait opposé. Par exemple :

– Courageux / Paresseux
– Optimiste / Pessimiste
– Exigeant / Laxiste
– Honnête / Malhonnête

• Soit à partir d'un trait qui vous insupporte chez les autres ou au contraire qui vous attire et vous fascine. Par exemple : l'arrogance, le mensonge, la manipulation, la désinvolture, etc.

3. Reconnaissez avec sincérité l'existence de ce trait d'ombre en vous.
4. Recherchez ses intentions positives grâce à cette question : et si manifester ce trait pouvait m'apporter quelque chose, ce serait quoi ? Posez-vous la question de façon très spécifique pour ce trait en particulier. Par exemple, si je suis reconnu pour mon optimisme, manifester du pessimisme me permettrait de recueillir le soutien des autres, d'envisager les obstacles, les risques, de sécuriser mes projets.

Prenons le cas d'Agathe : dirigeante salariée d'une PME, elle ne supporte plus Antoine, un de ses collaborateurs qui se met en avant, aime parler de ses succès quitte à les embellir un peu, bref qui est pour elle arrogant... Il est vrai qu'elle a été éduquée à la discrétion. Pourtant, se mettre plus en avant, parler de ce qu'elle réussit pourrait permettre à Agathe de communiquer positivement sur ses actions et résultats et d'obtenir la reconnaissance qu'elle mérite de la part de ses actionnaires.

5. Autorisez-vous à manifester ce trait d'ombre.

Pour apprivoiser l'arrogance, Agathe a dû préalablement lever l'interdit qui pesait sur elle, en se répétant avec conscience, pendant plusieurs jours : « *J'ai le droit de partager mes succès, j'ai le droit de me mettre en avant* ».

•••

• • •

Au début, elle en était très mal à l'aise et avait même du mal à l'énoncer. Nous l'avons invitée à être attentive à ce qui se passait en elle, à respecter ses résistances. Elle s'est souvenue qu'à l'âge de dix ans, elle est rentrée de l'école toute guillerette en annonçant qu'elle avait obtenu 20 sur 20 en maths, meilleure note de la classe ! Elle n'avait pas fini sa phrase que sa mère lui répondait : « *Ne sois pas si prétentieuse ma fille. Le vrai succès est modeste.* » Agathe est passée de la joie à l'humiliation, à la honte et à la tristesse. Depuis ce jour, elle s'est interdit de se mettre en avant. Ainsi, avait-elle mis l'arrogance dans son ombre et avec elle, la capacité à valoriser ses résultats.

6. Imaginez différentes manières de manifester ce trait de votre ombre, à froid et dans différents contextes, et entraînez-vous. Soyez créatif. Modélisez des personnes de votre entourage qui manifestent ce trait. Préparez des situations dans lesquelles vous vous y entraînerez, au travail, avec des amis, en famille... Vous allez éprouver de la joie.

7. Demander au Soi de faire l'intégration de cette polarité (le trait de votre persona / trait de votre Ombre).

Pour Agathe, intégrer cette polarité, en plus de compléter sa discrétion par la capacité à se mettre en avant, lui permettra de faire émerger de nouveaux comportements.

▪ Accéder à son âme (le Soi)

Le Soi représente notre identité réelle et intemporelle. Dans les moments où nous rejoignons cette instance au plus profond de nous, nous ressentons de la paix, de la joie, de l'amour inconditionnel. Nous nous sentons à la fois pleinement présent à nous-même et en lien avec l'univers entier. Rien ne compte si ce n'est la vie qui est là et que nous accueillons. Nous retrouvons pour un instant l'unité de notre être. Tout est là, présent, dans cet instant où le temps n'existe plus. C'est une joie existentielle, une joie d'être, celle qui vient de l'intérieur. Elle n'est pas le fruit d'une perspective réjouissante telle qu'une sortie ou la rencontre d'une personne aimée ni d'un souvenir du passé. Elle ne procède pas d'un divertissement, mais de la rencontre avec la plus belle partie de nous-même, celle qui accueille le divin, l'énergie créatrice, la lumière, l'esprit, le grand sage, etc.

Donnez-lui le nom qui vous convient ! De la même manière que nous n'avons rien d'autre à faire que de nous exposer aux rayons du soleil pour en ressentir ses effets, nous n'avons rien d'autre à faire que de nous exposer au rayonnement du Soi pour en ressentir ses effets bienfaisants.

Récit d'expérience

[Bruno] « J'ai vécu cette expérience à l'observatoire du Pic de Midi de Bigorre, une nuit étoilée, en observant le ciel à la lunette astronomique. J'ai eu à ce moment-là rendez-vous avec la lune, si belle, si proche, si lumineuse, si bienveillante à mon égard. Je me sentais une partie vivante de l'univers. Tout à la fois si petit et insignifiant et en même si vivant et constitutif de l'univers. Je n'aurais voulu à cet instant être nulle part ailleurs. Plus rien ne comptait. Ce moment est resté pour moi une expérience sommet. En écrivant ces lignes, dix ans plus tard, je revis ces mêmes émotions. »

Si nous ne pouvons pas mettre la main sur le Soi, nous pouvons nous disposer à sa rencontre. Mais comment nous y préparer ? En faisant tomber les barrières qui nous séparent de lui, en particulier le mental avec ses conditionnements, ses croyances, ses peurs et ses désirs. Le mental nous trompe parce qu'il peut nous faire prendre pour des vérités ce qui n'est qu'une pensée, une idée, une hypothèse ou une situation qui passe. Le mental peut nous emmener dans des méandres infinis, nous décentrant de notre âme.

« Rejoindre notre âme, c'est aller au-delà de la logique et de la raison, au-delà de l'ego, dans un espace immuable, toujours présent au plus intime de nous-même, guide intérieur, sage intérieur[55]. »

Pour qui cherche à rejoindre son âme, le meilleur chemin est celui de l'intériorité. Avancer sur ce chemin nécessite un engagement de tout son être et en même temps un lâcher-prise.

55. CHOPRA D., *L'Âme du leadership*, édition du Dauphin blanc, 2011, p. 1.

Il s'agit de se mettre en passivité active : choisir de se centrer et de se mettre en réceptivité, de s'exposer, d'accueillir ce qui est là, présent, maintenant. On se connecte à son intériorité par le silence, par la méditation, la contemplation. Le contact intime avec la nature facilite cette connexion. La contemplation de la beauté nous met en relation avec notre âme.

Chacun dispose pour cela de sens privilégiés. Pour les uns, c'est l'ouïe qui permet de se laisser toucher par la musique, pour d'autres, c'est la vue, d'une œuvre d'art par exemple. Les contacts avec des personnes qui sont elles-mêmes reliées à leur âme ont aussi pour effet de nous rapprocher de la nôtre. Accueillir ce qui est présent à l'intérieur de soi, rechercher la beauté, créer, contempler, écouter son corps, écrire un journal, développer la gratitude, marcher dans la nature, méditer, ralentir, ressentir, aimer et se laisser aimer... Entrer en contact avec son âme est à la fois mystérieux et concret.

La méditation, dont la pratique se développe aujourd'hui dans notre monde occidental, est une voie privilégiée pour accéder à son âme et s'y nourrir. Il existe de nombreuses manières de méditer. Des propositions de méditation guidée sont disponibles sur le web. Des ateliers d'initiation sont organisés. La méditation est accessible à tous et ne demande aucun prérequis, en dehors du désir de pratiquer.

Plonger dans son intériorité relève de l'entraînement. Au début, on y fait des incursions plus ou moins profondes, plus ou moins longues. Les personnes qui ont développé cette capacité de contacts fréquents et profonds avec leur âme finissent par ne plus vraiment perdre le lien avec elle.

Atelier – Rejoindre son identité profonde

Installez-vous dans une posture à la fois digne et confortable. Les deux pieds posés au sol, le dos droit, les épaules en arrière, les mains sur le ventre ou sur les cuisses paumes vers le haut. Fermez les yeux pour faciliter le passage vers votre intériorité et portez votre attention sur votre respiration. Sentez votre corps qui bouge sous l'effet de votre respiration : le ventre qui s'avance à l'inspiration et qui se creuse à l'expiration. Sentez la température de l'air qui entre dans vos narines et en ressort plus chaud. Comptez votre inspiration et votre expiration. Laquelle est la plus longue ? Détendez vos muscles du visage, votre front, vos joues. Si vous avez une pensée, une sensation ou que votre attention est portée sur un stimulus à l'extérieur de vous, recentrez la sur votre souffle. Dites cette phrase : « *Je suis + votre prénom et votre nom* » et restez en silence, en accueil puis gardez votre prénom et dites « *Je suis + votre prénom* ». Restez en silence puis enlevez votre prénom pour ne dire que « *Je suis* ». Restez en silence puis ne gardez que *« Je »*. Restez encore en silence quelques minutes. Accueillez ce qui vient à vous : Quelle est l'image qui se présente à vous ? Que ressentez-vous ?

Se révéler à soi-même, s'appuyer sur une saine estime de soi, faire l'expérience de la rencontre avec son âme, la nourrir et se laisser guider par elle, permet de devenir de plus en plus qui l'on est. Pour les dirigeants et les managers, c'est aussi la voie qui conduit au niveau de leadership le plus élevé.

■ **Découvrir sa mission de vie pour nourrir sa mission de dirigeant**

Vivre pleinement sa mission de dirigeant suppose que celle-ci soit alignée avec notre mission de vie. Avec cette expression, nous entendons ce qui donne sens à notre vie. Elle est la réponse aux questions suivantes : « *Pourquoi suis-je sur la terre ? Quelle est ma contribution au monde ?* » Elle établit un lien entre l'individu et l'univers qui manifeste l'interdépendance dans laquelle nous vivons.

Chacun à une mission de vie. Antoine Baron[56] parle lui « d'intention profonde. » Elle nous est singulière. Aucun autre humain ne l'a en commun avec nous, parce qu'il s'agit de nous-même, ici, maintenant. C'est elle qui fait que le monde et les autres ont particulièrement besoin de nous. La mission de vie, à la différence d'un projet, ne se construit pas : elle s'accueille, elle se laisse découvrir. Elle est inscrite au plus profond, gardée dans le Soi (l'âme). Elle tient compte de la singularité de l'être. Ce sont souvent les épreuves de la vie qui la révèlent. Découvrir sa mission suscite de l'enthousiasme et une joie profonde. Dans ce que nous observons, la quête de sens arrive de plus en plus tôt dans la vie. C'est un signe magnifique d'évolution de la société.

Comment découvrir sa mission de vie ? Jean Monbourquette[57] et l'association Estimame[58] qu'il a initiée nous ont aidés personnellement à découvrir la nôtre.

Récits d'expérience

[Virginie] « Pour moi, le point crucial a été d'accepter de lâcher l'image de la fille idéale que je voulais être pour mes parents et dans le même mouvement, de lâcher-prise sur l'épouse et la mère idéales. Sans ce lâcher-prise, je n'aurais pas pu laisser advenir mon rêve profond. Une relecture de ma vie m'a permis ensuite de mettre en évidence un fil rouge, avec des événements répétitifs, des manières récurrentes de me comporter. J'ai finalement découvert ma mission qui est d'accompagner les personnes vers la plus belle version d'elle-même. »

[Bruno] « C'est vers l'âge de cinquante ans, que j'ai découvert ma mission de vie qui est "d'aider les personnes ou les groupes à vivre des transitions dans le sens de l'autonomie et/ou de l'émancipation". Aujourd'hui encore, chaque fois que je l'exprime, je ressens de l'élan. Lorsque je l'énonce aujourd'hui si facilement, on peut se demander par quelle construction miraculeuse j'ai pu arriver à cette formulation.

56. Baron A., *Levons-nous. Être dirigeant au xxie siècle*, Publishroom Factory, 2020.
57. Monbourquette J., *À chacun sa mission*, Bayard, 2012.
58. https://www.estimame.com/

Assurément, ce n'est pas le terme construction qui est le bon. Je parle plutôt d'investigation. J'ai pris les moyens de me faire accompagner pour la découverte de ma mission, parce que je sentais bien que partir d'une page blanche serait bien compliqué pour moi. Et j'ai eu raison car je doute que j'y sois parvenu sans guide et sans méthode. C'est à travers une succession d'exercices, de temps d'introspection, de réflexions, de retours sur des étapes marquantes de ma vie que je suis parvenu à "cueillir" ma mission de vie. Je me souviens par exemple avoir identifié mes héros : Jean-Sébastien Bach, Gandhi, Mandela et m'être demandé en quoi ils m'inspiraient. Nos héros parlent de nos aspirations profondes, donc aussi de qui nous sommes, même si leurs traits de personnalité sont encore en "trop peu" en nous ! En l'occurrence, Gandhi et Mandela me renvoient mon aspiration à la liberté, à la libération, à l'émancipation. JS Bach me parle de mon élan d'inspiration et de mon aspiration à regarder au-delà. Je savais aussi que la démarche me conduirait vers mes blessures, à les identifier, à les visiter. Et qu'il me faudrait du courage pour m'y confronter. J'ai réalisé que les moments les plus douloureux dans ma vie ont été ceux où je me suis senti privé de liberté ainsi que ceux à travers lesquels j'ai senti que mes besoins n'étaient pas reconnus. Dans ma famille, nous avons été éduqués au service. Jusqu'à l'oubli de soi. C'est très beau… à condition de le vivre dans une vraie liberté. Et non par obligation. Il m'a fallu m'émanciper de certaines manières de penser et d'agir. Liberté... liberté... fil rouge de mon histoire qui m'a amené à découvrir ma mission de vie. J'ai alors compris pourquoi cette mission de vie m'a conduit inconsciemment chez Réseau Entreprendre puis à cofonder le Campus des Dirigeants. Accompagner les entrepreneurs, c'est une manière de leur permettre de vivre une transition dans le sens de l'émancipation. Former des dirigeants, c'est une autre manière de les conduire à une plus grande autonomie. Parce que ma vie professionnelle est alignée avec ma mission de vie, elle me consomme moins d'énergie et nécessite moins d'efforts. »

Découvrir sa mission de vie est une chose souvent bouleversante qui appelle une réponse. Découvrir sa mission, pouvoir la nommer est un début mais il reste à l'accepter et à la concrétiser dans une action au service des autres et du monde. La mission est toujours tournée vers les autres.

C'est un de ces grands paradoxes : elle se découvre en faisant un profond chemin d'introspection, en plongeant en soi. Et elle est tournée vers l'extérieur, vers les autres et le monde. Alors, l'accepterons-nous ? Nous laisserons-nous modeler par elle ? Allons-nous nous offrir au monde pour apporter notre contribution unique au Bien Commun ? Ce choix, parce que nous sommes libres de le faire ou non, serait assurément le meilleur. En effet, accueillir sa mission et la mettre en œuvre produit un bénéfice de deux ordres. Pour soi-même d'abord, cela permet l'accomplissement auquel on aspire et que l'on mérite. Pour le monde également, parce qu'on ne peut pas contribuer mieux qu'en étant dans l'expression de sa mission. C'est du gagnant-gagnant ! Accéder à notre mission et l'activer est sans doute la plus grande œuvre de notre vie !

La mission s'exprime à travers une action concrète qui pourra prendre des formes variées tout au long de la vie en fonction des cycles de celle-ci. C'est la même mission qui s'incarne et se met en forme de manières différentes en fonction des époques et des situations de la vie. Il n'est pas indispensable que notre métier soit directement en lien avec notre mission de vie, si nous avons par ailleurs d'autres manières d'exprimer celle-ci.

Après avoir découvert votre mission de vie, il vous restera à vérifier *a minima* que votre métier de dirigeant ne fait pas obstacle à l'exercice de votre mission de vie. Et plus – nous vous le souhaitons – vous pourrez réaliser que c'est à travers votre métier de dirigeant que vous allez mettre en œuvre votre mission de vie, pendant une période de votre existence.

Conclusion
Servir le bien commun

Au fil des pages de ce livre, nous avons exploré des manières d'être et d'agir en dirigeant.

Même si dirigeant est un métier répandu, nous le considérons comme extraordinaire, parce qu'il confère du pouvoir à celle ou à celui qui l'exerce. Autrement dit il lui confère la capacité la plus élevée celle qui permet d'orienter le cours des choses, que ce soit à l'échelle d'une entreprise et de son environnement, d'un territoire, d'un pays ou comme pour certains, du monde. Nous trouvons cela enthousiasmant. Cette capacité a pour corollaire une responsabilité toute particulière : celle de prendre les moyens de progresser, jour après jour.

Dirigeant est un métier qui s'apprend. Les bonnes pratiques que nous avons réunies dans ce livre à partir de l'expérience de centaines de dirigeants sont des aides pour répondre aux trois défis majeurs du métier : prendre du recul, construire son organisation à la tête de l'entreprise et susciter l'engagement et l'initiative au sein des équipes. Nous avons présenté aussi des clés pour être un dirigeant plus affirmé dans l'exercice de son métier.

Nous ne terminerons pas l'écriture de ce livre sans vous partager encore deux convictions qui nous animent.

Oser être soi

« Soyez vous-mêmes, les autres sont déjà pris. ».
Oscar Wilde

Pour réussir dans son métier de dirigeant, il faut oser être soi. On ne peut pas donner mieux durablement qu'en étant pleinement soi-même. On peut s'inspirer de modèles, mais c'est en osant être soi qu'on devient cohérent et impactant dans sa manière d'être et d'agir.

L'enjeu de la première partie de notre vie est de devenir quelqu'un, d'être reconnu et intégré dans le monde. Pour cela nous sommes prêts à investir beaucoup d'énergie et parfois même à nous détourner de notre axe profond. Nous voulons obtenir de la reconnaissance des personnes qui comptent le plus pour nous, bien souvent de nos parents. Nous entendions récemment aux Victoires de le musique un chanteur dire en recevant son prix « *papa, maman votre fils a une victoire de la musique !* » Puis à partir de la trentaine ou un peu plus tard, l'enjeu devient non plus de devenir quelqu'un mais de devenir chaque jour de plus en plus qui nous sommes, en vérité. Nous nous en approchons en nous acceptant pleinement tel que nous sommes et en choisissant de nous aimer ainsi. Accepter nos imperfections procure de la paix et permet d'accepter celles des autres.

Diriger avec son âme[59], la voie la plus haute du leadership

« On ne voit bien qu'avec le cœur. L'essentiel est invisible pour les yeux ».
Saint-Exupéry

Nombreux sont les dirigeants déjà avancés sur le chemin du leadership. Ils y mettent toute leur intelligence cognitive et leur intelligence émotionnelle. L'intelligence spirituelle, permet d'aller encore

59. Pour prévenir tout malentendu, nous vous invitons à élargir la compréhension de l'âme – au-delà de la sphère religieuse – à la dimension spirituelle.

plus loin : diriger avec son âme. À partir de ses recherches sur la complexité et le management, Danah Zohar[60] envisage l'intelligence spirituelle comme un aspect de l'intelligence qui se situe au-dessus de la mesure traditionnelle du QI et des diverses notions d'intelligence émotionnelle.

Diriger avec son âme suppose de s'aimer, d'avoir découvert sa mission de vie et d'avoir vérifié que diriger permet de mettre celle-ci en œuvre. S'aimer, c'est se vouloir du bien, se regarder avec bienveillance, se parler avec encouragement, se sentir en paix et voir le beau en soi. C'est aussi se connaître en vérité, accepter toutes les parties de soi, chercher à se comprendre et non à se juger, s'intéresser à soi, à ses goûts, ses envies, ses espoirs, ses souffrances, ses échecs et ses succès. Comme le ferait son meilleur ami ! C'est avoir mis au jour ses blessures et engagé un chemin de réconciliation avec soi pour s'approcher de l'unité intérieure. Apprendre à diriger avec son âme suppose de mettre dans sa vie des moments et des moyens pour aller à la rencontre de celle-ci, recueillir ce qu'elle nous chuchote et se laisser guider par elle. Diriger avec son âme ne veut pas dire qu'on ne rencontrera plus son banquier et qu'on n'animera plus son comité de direction ! Diriger avec son âme signifie qu'on sera davantage connecté à son intériorité et alimenté par elle.

Quels sont les effets de ce contact avec notre âme ? Pour Deepak Chopra[61], le leader inspiré nourrit toute la palette des besoins de sa communauté, depuis les besoins les plus fondamentaux : la sécurité – jusqu'aux plus élevés – le besoin spirituel. C'est pourquoi, en dirigeant avec son âme, on devient l'âme de sa communauté. Peter Koenig[62] parle, lui, de la *personne-source*.

60. Danah Zohar, philosophe et physicienne anglo-américaine née en 1945.

61. Deepak Chopra, indo-américain, penseur, médecin, conférencier, auteur de nombreux best-sellers est spécialisé sur les thèmes de la spiritualité.

62. Peter Koenig est un expert financier britannique. Il a examiné la relation entre les attitudes envers l'argent et la vitalité des personnes et des organisations.

Face au besoin de sécurité de sa communauté, le leader inspiré est le protecteur, face au besoin de réalisation et de réussite, il est motivant, face à celui de collaboration, il est fédérateur ; en réponse au besoin d'appartenance, il est empathique, au besoin de créativité, il est ouvert et sans tabous ; face au besoin de valeurs morales, il est intègre ; il est aussi le sage, en réponse aux besoins de réalisation spirituelle des membres de sa communauté.

Un autre effet de ce contact avec notre âme, c'est la pertinence des décisions que nous prenons. Ce qui est visible n'est pas la réalité. C'est une partie de celle-ci. La réalité se trouve au-delà de ce que nous voyons. Lorsque nous prenons des décisions en nous fondant seulement sur ce qui se voit, se mesure, s'analyse, nous passons à côté d'une partie cachée de la réalité et nous risquons de prendre des décisions inopportunes.

En nous connectant à notre âme, lieu de la paix intérieure mystérieusement relié à tout l'univers, nous nous mettons en situation de recevoir des signaux sains, justes, épurés des bruits parasites. C'est ainsi que des personnes reçoivent des intuitions qu'elles ne peuvent pas expliquer ni justifier et que pourtant elles ne peuvent pas lâcher. Elles s'orientent vers des projets sans savoir vraiment pourquoi. Mais elles ne peuvent pas ne pas y aller !

Il est compréhensible que le mystère qui entoure ces choses-là puisse susciter le doute. Si c'est le cas, pourquoi ne pas expérimenter ? Nous sommes convaincus que se connecter à son âme est à la portée de tous.

À un moment de sa vie, on peut percevoir l'enjeu et l'envie de diriger son entreprise avec son âme. En fait, cela suppose d'abord de diriger sa vie avec son âme et même de se laisser diriger par elle. Et un jour, on découvrira qu'on dirige son entreprise avec son âme de la même façon qu'on dirige sa vie.

À l'heure où nous achevons l'écriture de ce livre, une dirigeante se prépare à transmettre ses fonctions à la tête d'un grand pays. À travers ce que nous lisons des commentateurs, Angela Merkel est un bel exemple de leader au service du Bien Commun. Le peuple allemand ne s'y est pas trompé en la maintenant au pouvoir pendant 18 ans. Et 84 % de ses concitoyens considèrent à cette heure qu'elle a fait du bon travail[63] ! Qui dit mieux ? Son style n'est pas flamboyant, elle parait calme en toutes circonstances. « *Là où d'autres n'aspirent qu'à se mettre en avant, vous cherchez toujours à vous placer au centre. Vous ne clivez pas, vous tentez de rassembler* », lui écrit Jean-Dominique Merchet dans l'éditorial de l'*Opinion* du 24 juin 2021. Angela Merkel sait aussi écouter et saisir son opinion comme peu de dirigeants en sont capables aux dires de sa biographe française Marion van Renterghem[64].

Oser être soi-même, vivre sa mission au service des autres et du monde, diriger avec son âme font des dirigeants les serviteurs du Bien Commun. C'est de ceux-là surtout dont l'histoire garde la trace.

63. Enquête publiée par Statista Research Department, août 2021.
64. Van Renterghem M., *C'était Merkel*, Les Arènes, 2021.

Annexe

Le nuancier des émotions

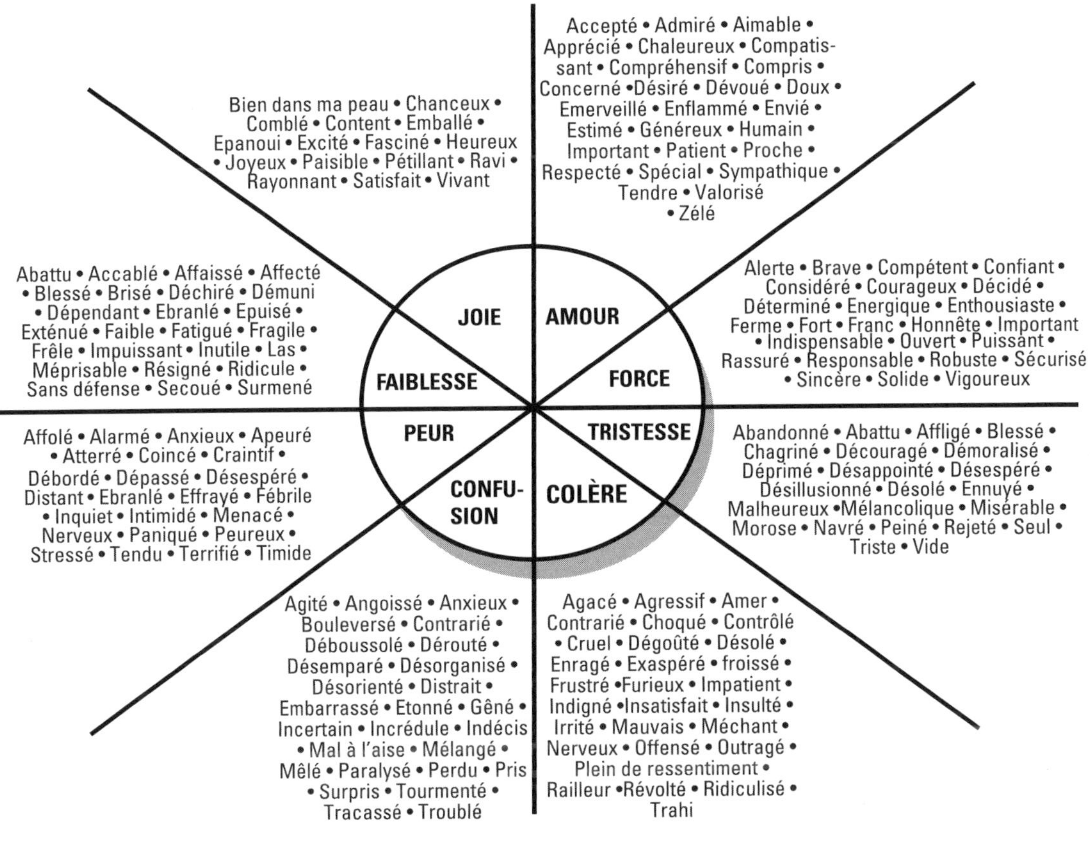

Bibliographie

ALAMELOU-MICHAILLE F., *Manager avec son âme : la méthode des grands dirigeants*, Mame, 2019.

BARON A., *Levons-nous : être dirigeant au XXIe siècle*, Publishroom, 2020.

CHAPOT D., *Émois en moi, se réconcilier avec ses émotions*, Seuil, 2005.

COLLINS Jim, *De la performance à l'Excellence*, Pearson France 2013.

COURTAIGNE A., *Professions et Entreprises*, n° 795 (10), 1991.

COUSIN G., PAGE D., *Le bien-être émotionnel ; 9 clés pour vivre en pleine conscience*, Odile Jacob, 2016.

COVEY S., *Les 7 habitudes de ceux qui réalisent tout ce qu'ils entreprennent*, éditions 84, 2012.

COWLING M., BYGRAVE W., *Entrepreneurship and unemployment / relationship between Unenmployment and Entrepreneurchip in 37 Nations Participating in the Global Entrepreneurship Monitor*, Babson College, 2003.

CRISTOFINI R., « *L'intelligence spirituelle au cœur du leadership* », Interéditions, 2019.

DAININ-HAVARD A., *La méthode Havard ; pour un leadership authentique*, Du Jubilé/avm, 2009.

DEEPAK C., *L'âme du leadership : libérez votre potentiel de leader*, Dauphin Blanc, 2011.

DEMURGER P., *L'entreprise du XXIe siècle sera politique ou ne sera plus*, L'aube, 2019.

GETZ I., *La liberté, ça marche !* », Flammarion, 2016.

Getz I., *L'entreprise libérée*, Fayard, 2017.

Getz I., Carney B. M., *Freedom, INC.: Free Your Employees and Let Them Lead Your Business to Higher Productivity, Profits, and Growth*, Argo-Navis, 2009.

Getz I., Carney B. M., *Liberté & Cie : quand la liberté des salariés fait le succès des entreprises*, Flammarion, 2016.

Goleman D., *L'intelligence émotionnelle*, Robert Laffont S.A, Paris, 1997.

Hamel G. avec la collaboration de B. Breen, *La fin du management. Inventer les règles de demain*, traduit de l'américain par F. Fréry, Vuibert, 2014.

Jung C. G., « L'âme et la vie » Poche, 1995

Laloux F., *Reinventing Organizations - Vers des communautés de travail inspirées*, Diateino Eds, 2015.

Migeon F.-D., *Invitation au leadership authentique : Développez un style de management personnel, efficace et durable*, Eyrolles, 2017.

Monbourquette J., *À chacun sa mission*, Novalis, 1999.

Monbourquette J., *Apprivoiser son ombre*, Novalis, 1997.

Monbourquette J., *De l'estime de soi à l'estime du Soi*, Novalis, 2002.

Monbourquette J., Ladouceur Myrna, D'Aspremont Isabelle, *Stratégie pour développer l'estime de soi et l'estime du Soi*, Novalis, 2003.

Ratzinger J., *Instrutio de liberate christiana et liberatione*, 1987, AAS 79.

Sinek S., *Commencer par pourquoi. Comment les grands leaders nous invitent à passer à l'action ?*, Performance, 2015.

Torres O., *La santé patronale du dirigeant : de la souffrance patronale à l'entrepreneuriat salutaire*, De Boeck Supérieur, 2017.

Table des ateliers

Remerciements

Nos remerciements vont en premier lieu à Isabelle Martin-Bouisset qui nous a encouragés et accompagnés de ses conseils et de ses démarches, nous partageant sans réserve son énergie et sa grande expérience de l'écriture et de l'édition. Nous exprimons aussi notre reconnaissance à tous les dirigeants qui nous ont fait confiance, à celles et ceux qui nous ont inspirés au fil des années. Ils ont largement contribué à l'écriture de ce livre, chacune ou chacun d'eux à travers son histoire et le chemin qu'il a parcouru.

Nous associons particulièrement à la réalisation de notre travail les personnes investies depuis l'origine dans l'élaboration et l'animation des programmes de formation et le projet du Campus des Dirigeants : Olivier Baret, Philippe Beaugé, Sophie Botte, Frédérick Bouisset, Guillaume Caroit, Alain Colin, Xavier Colonna, Bertrand Cunaud, Jean-Baptiste Danet, Patrick Dargent, Franck Démaret, Marie-Hélène Dick, Gonzague de Blignières, Anne de Passemar, Olivier Delrieu, Paul-Henri Dubreuil, Francis Ducrot, Constantin Erodiades, Alexis Eve, Alain Fleury, Michel Friedlander, Priscille Gauthier, Stéphane Genévrier, Marine Henin, Amaury Houdart, Olivier Lajous, Henry Lang, Cécile Jacob, Bernard Lauprêtre, Pierre Lecocq, Michel Léonard, Cédric Leprince-Ringuet, Pauline Le Clère, David Mahé, Alain Martel, Antoine Mayaud, Julie Merckling, Stéphane-Pierre Mongereau, Gilles Pélisson, Antoine Peytavin, Laurent Pommier, Jean-Benoit Portier, Christian Rambert, Hubert Reynier, Stéphanie Rivoal, Emmanuelle Roux, Patrick Sapy, Jean-Eudes Tesson, Paul Tesson, Xavier Vankeerberghen, Anne-Sophie Véret et Alain Vernadat. Qu'ils soient remerciés ! Notre reconnaissance va aussi vers Juliette, Manon, Marthe, Tiphaine et Stéphane, nos plus proches collaborateurs.

83373 – (I) – SOP 90 – BEP – GCR

Dupliprint
733 rue Saint-Léonard, 53100 MAYENNE
Dépôt légal : Janvier 2022
N° 2969696V

Imprimé en France